Wolfgang Krebs

Traumhaft entspannt

Mit märchenhaftem NLP

Kindern zu Ruhe und Konzentration verhelfen

Ausführliche Informationen zu weiteren Büchern aus den Bereichen Kommunikation/Konfliktbewältigung und Meditation sowie zu jedem unserer lieferbaren und geplanten Bücher finden Sie im Internet unter www.junfermann.de – mit ausführlichem Infotainment-Angebot zum JUNFERMANN-Programm ... mit Newsletter und Original-Seiten-Blick ...

Besuchen Sie auch unsere e-Publishing-Plattform www.active-books.de – inzwischen ca. 250 Titel im Angebot, mit zahlreichen kostenlosen e-Books zum Kennenlernen dieser innovativen Publikationsmöglichkeit.

Übrigens: Unsere e-Books können Sie leicht auf Ihre Festplatte herunterladen!

Eine Auswahl von e-books bei www.active-books.de:

Blickhan, Daniela: „Walt Disneys Beitrag zum Familienleben – mehr als nur Zeichentrickfilme?" (kostenlos)
Hücker, Franz-Josef: „Szenarios – für die Zukunft unserer Kinder" (kostenlos)
Seidel, Isolde & Blickhan, Daniela: „Mama, die Schule nervt mich!" (€ 7,00)
Dodson, Frederick E.: „Fremdsprachen spielerisch und meditativ lernen" (€ 6,00)
Blickhan, Claus: „NLP für Einsteiger" (€ 5,00)
Weiß, Monika: „Fantasiereisen" (€ 4,50)
Liebenow, Hermann: „ADS bei Kindern und Erwachsenen: Den Lebens-Wandel willens-stärkend begleiten" (€ 3,00)
Zaepfel, Helmut & Metzmacher, Bruno: „Kinder- und Jugendlichentherapie in komplexen Lebenswelten" (€ 3,00)
Kuntzag, Lars: „Primäre Enuresis am Beginn der Pubertät" (€ 3,00)
Fink, Albert Matthias: „Integrative Therapie in der Arbeit mit hyperaktiven Kindern" (€ 3,00)

Wolfgang Krebs

Traumhaft entspannt

Mit märchenhaftem NLP
Kindern zu Ruhe und Konzentration verhelfen

Mit einer CD

Junfermann Verlag • Paderborn
2003

Satz: JUNFERMANN Druck & Service, Paderborn

Bibliographische Information der Deutschen Bibliothek
Die Deutsche Bibliothek verzeichnet diese Publikation in der Deutschen Nationalbibliographie; detaillierte bibliographische Daten sind im Internet über http://dnb.ddb.de abrufbar.

ISBN 3-87387-549-7

Inhalt

Zur CD:

1. Konzentrationstrance *(Moment der Kraft und Energie).* Ziel: So formuliert, dass die Botschaften, die sich in Du-Form ausschließlich an das Kind richten, sich ebenfalls für den eventuell erwachsenen Mithörer zur Motivation eignen. (Motivation, Anker stapeln, Konzentration und Wachsamkeit erzeugen)

2. Entspannungsreise *(Einschlafgeschichte).* Ziel: Wie oben, für beide – also Kinder und Erwachsene – geeignet, jedoch zum „Runterkommen" gemacht: vor dem Zubettgehen, oder, nach Ermessen der Eltern, auch für schwierige Tage mit großer Aktivität.

Ziel der CD ist es, den Eltern Anregungen und Beispiel zu geben, wie sie selbst solche Traumreisen für Kinder entwickeln können.

1. Einleitung

Für alle Eltern, Großeltern, Lehrer, Onkel, Tanten, ältere Geschwister, Freunde und alle, die mit Kindern täglich liebevoll leben und umgehen: Kinder sind das größte Geschenk im Leben!

1.1 Wie komme ich zu dem Thema?

„Papa, erzählst du uns noch eine Geschichte?“ Das ist einer der schönsten Sätze, die ich an vielen Abenden höre. Er ist mehr als nur eine Frage, er ist Anerkennung für mich. Er ist Sehnsucht meiner Kinder nach meiner ungeteilten Aufmerksamkeit. Nach guten Einschlafgefühlen, Liebe und Ruhe und vor allem entspanntem erholtem und wohltuendem Schlaf. Ein zauberhaftes abendliches Ritual, friedlich und vor allem: immer wieder einmalig. Ich erzähle ein Märchen, und kurz darauf schlafen meine Kinder tief und fest und die ganze Nacht durch.

Das war nicht immer so. Als die Kinder noch Babys waren, dauerte es bis zum Einschlafen oft länger als eine Stunde. Je länger die Prozedur dauerte, desto zappliger wurden sie, und die Situation schaukelte sich langsam auf bis zum definitiven Höhepunkt: „Ist jetzt endlich RUHE!!?“

Jeder, der schon einmal Kinder ins Bett gebracht hat, kennt beide Situationen. Einmal schlafen die Kinder schneller, entspannter und ruhig ein, ein anderes Mal dagegen reibt man sich dabei fast auf. Ich habe lange gebraucht, bis ich erkannt hatte, was den Unterschied ausgemacht hat. Zunächst dachte ich, dass die Kinder immer dann leicht einschliefen, wenn sie einen Tag mit viel körperlicher Aktivität hinter sich hatten, und entsprechend lang wach bleiben, als wenn sie den Tag nur im Haus verbracht haben.

Erst später erfuhr ich, dass es einerseits an der Stimmung lag, die ich in den Kindern erzeugte, andererseits an den Geschichten, die ich erzählte. Und das hat mit Dr. Richard Bandler, dem Erfinder des Neurolinguistischen Programmierens, zu tun. Ich hatte das Glück, Richard Bandler selbst kennen zu lernen und von seinen Techniken zu profitieren, und damit den Techniken, die er seiner Zusammenarbeit mit dem amerikanischen Hypnosearzt Milton Erickson und der Psychologin Virginia Satir zu verdanken hatte. Bandler lehrte mich, wie ich mit dem Einsatz der richtigen Worte in der richtigen Abfolge zum richtigen Zeitpunkt die Ergebnisse erziele, die ich mir wünsche.

Zu dieser Zeit war ich Verkaufsleiter für TV-Werbung und elektronische Medien und wurde von Chris Mulzer, der ebenfalls eng mit Dr. Bandler zusammenarbeitet, in Berlin auf die Prüfung zum Trainer für NLP vorbereitet. Mulzer lehrte den zahlreichen Seminarteilnehmern, wie man veränderte Bewusstseinszustände für das Coaching von Führungskräften, von Unternehmen und zur Steigerung der Leistungsfähigkeit von Mitarbeitern einsetzt.

Die generativen Motivationsstrategien von Chris Mulzer eignen sich ebenso gut wie die zahlreichen Techniken von Dr. Bandler, um Führungskräfte zu größeren Leistungen zu motivieren. Ich konnte diese Kenntnisse gleichzeitig auf meine Kinder anwenden und mithelfen, zahlreichen anderen Kindern mit den zunehmenden Anforderungen des Kindseins, den ersten sozialen Engpässen im Kindergarten und der Schule fertig zu werden, und dabei zusehen, wie sich die Kinder zu starken und zentrierten Persönlichkeiten entwickeln und ihr Leben selbst aktiv in die Hand nehmen. Wie sie weiterhin gerne lernen und alle musisch-künstlerischen, linguistischen, logisch-mathematischen, räumlichen, körperlich-kinästhetischen, zwischenmenschlichen und innerpersönlichen Intelligenzen entwickeln können, die der Harvard Forscher Howard Gardner in seinem Buch *Frames of Mind (dt.: Intelligenzen. Die Vielfalt des menschlichen Geistes)* ausführlich beschreibt. Die aber unser heutiges Schulsystem nur unzureichend ausbildet.

Ein hoher Anspruch – mag der eine oder andere jetzt denken, aber warum sollten wir unseren Kindern nicht alles mitgeben, was sich positiv auf ihr Leben auswirken wird. Dieses Buch wird Sie selbst in die Lage versetzen, Ihre Kinder zielgerichtet auf ihrem Weg zu unterstützen. Ihre Kinder entwickeln sich zu eigenständig und freiwillig handelnden, kreativen und wachsamen Menschen, neben denen sie jederzeit stolz und voller Anerkennung stehen werden. Ich freue mich heute schon darauf, mit Ihnen die zahlreichen Anregungen, Ideen und Übungen des Buches zu bearbeiten, und wünsche uns dabei viel Spaß und Erfolg.

Um es vorwegzunehmen: Wir sind eine ganz normale Familie. Wir lachen miteinander, wir streiten miteinander, und jeder, der uns kennt, weiß, wir schreien uns auch mal gegenseitig an. Das gehört zum normalen Famlienleben dazu. Die Motivation, dieses Buch zu schreiben, hatte ich vor allem deshalb, weil ich durch die Hilfe vieler Menschen Wege gefunden habe, meinen Kindern zuverlässige Einschlafgeschichten zu erzählen. Mit einem kleinen Ritual können sie leicht den Tag hinter sich lassen und schnell und mit positiven Gefühlen tief und fest einschlafen. Innerhalb von fünf bis fünfzehn Minuten. Nicht dass Sie jetzt denken, ich sehe dabei immer auf die Uhr und bin im Wettbewerb mit mir oder unter Zeitdruck. Im Gegenteil! Es ist die Qualität und die Aufmerksamkeit gegenüber den zahlreichen Kleinigkeiten, die auch Sie kennen lernen werden, um sie genauso zu erreichen. Sie werden dabei Ihren Kindern noch die ein oder andere „unbewusste“ Botschaft senden, die ihnen für ihr Wachstum auf allen Ebenen helfen wird. Sie lernen viel über bewusstes Atmen und wie richtig tiefes Einatmen Sie selbst und Ihre Kinder schnell entspannt.

Es sind eine Reihe von Schwierigkeiten, mit denen mir meine Kinder an manchen Abenden schon begegnet sind. Ich kann mich an viele dieser Situationen erinnern: Streit mit einem Schulkameraden, Probleme mit den Hausaufgaben, Angst vor Prüfungen, Angst, keine Freunde zu haben, Schwierigkeiten mit der Lehrerin usw. Sicherlich kennen Sie ebenfalls eine Reihe solcher „Probleme“, und oft ist es nicht leicht, auf die Fragen eine einfache Antwort zu finden. Sicher ist nur eines: Wenn es uns als Eltern nicht gelingt, darauf zu reagieren, kann es mit dem Einschlafen etwas länger dauern. Denn dieses eine, drängende Problem braucht Ihre ganze Aufmerksamkeit, und Ihre Vorbildfunktion ist gefragt.

Wenn die Probleme des Tages besprochen sind und es Ihnen gelungen ist, mit Motivation und einer angenehmen Einschlafatmosphäre Ihre Kinder in die richtige Schwingung zu bringen, haben Sie alles bereitet, und das Unterbewusstsein kann darangehen, den Rest der Nacht zu übernehmen. Angenehme Träume werden sich immer häufiger einstellen. Und spätestens am Ende dieses Buches werden Sie selbst in der Lage sein, einfach, leicht und sicher spannende und gleichwohl „ermüdende“ Geschichten zu erzählen, von denen nicht nur Ihre Kinder profitieren werden. Auch Sie selbst werden durch diese neuartige Technik sensibler für die Problemchen und Probleme Ihrer Kinder und sind damit auf dem sicheren Weg, Ihren Kindern Wege zu ebnen, auf denen sie leicht mit allem fertig werden können. Werden Sie zum Cheerleader für Ihre Kinder, indem Sie ihnen Mut zusprechen, wenn sie Ihre Unterstützung brauchen. Mit Ihrem Engagement bewahren Sie Ihre Kinder vor den Verirrungen unserer modernen Gesellschaft, vor Kriminalität und Drogen. Denn nur starke Persönlichkeiten können mit guten Gefühlen ihren positiven Weg gehen. Das ist Ihr Einsatz wert!

1.2 Wie können Geschichten helfen? Tobi und die Aussöhnung mit dem Lesebuch.

Nicht nur wenn Sie ein so genanntes „hyperaktives Kind“ haben, werden Sie und Ihre Kinder von den zahlreichen Möglichkeiten, die dieses Buch bietet, profitieren können. Auch völlig unauffällige Kinder können sich damit leichter entspannen. Kürzlich bekam ich eine kleine Auseinandersetzung zwischen meinem älteren Sohn Tobias und meiner Frau Sylvia mit. Tobi hatte wohl keine Lust mehr, einen Text weiterzulesen, da er für sein momentanes Verständnis zu oft korrigiert wurde: *„Ich kann das einfach nicht." „Du liest jetzt!" „Ich lese alles falsch!" „Nein!" „Doch! Aber ich habe jetzt keine Lust mehr weiterzulesen."*

Kennen Sie solche Situationen? Nun wollte es der Zufall, dass ich in meinem Büro gerade an einer Seminarvorbereitung über entspanntes Verkaufen und Entspannungstechniken bei Verkaufsblockaden arbeitete. Plötzlich kam das eine zum anderen und ich hatte wegen der soeben gehörten Diskussion eine Idee: Warum nicht die Entspannungstechniken, die ich bei Key Account Managern einsetzen wollte, um ihre Sensibilität gegenüber ihren Kunden zu steigern, bei Tobi ausprobieren. Das müsste bei Kindern doch genauso gut funktionieren. Also, gut. Ich ging nach unten, sprach mich kurz mit meiner Frau ab und nahm Tobi augenzwinkernd für „eine kleine Pause" mit mir ins Büro. Dort, auf einer bequemen Relaxliege, sollte er es sich ganz bequem machen, sich völlig entspannt fühlen und nur noch meiner Stimme zuhören. Damit in der Zwischenzeit seine andere Gehirnhälfte auch etwas zu tun hatte, schaltete ich den CD-Player ein und lies völlig entspannende Musik dazu erklingen, und Tobi begann, ganz leicht und entspannt ein bisschen „wegzudröseln". In diese kleine Übung baute ich einige meiner Aufmerksamkeitsstrategien ein, wie: „Und während du ganz entspannt und ruhig nur noch meine Stimme hörst und die Stimme, die in dir immerfort zu dir spricht, immer langsamer und langsamer wird, bis Sie schließlich ganz stoppt, spürst du, wie du immer entspannter und ruhiger werden kannst, weil du nur noch mir zuhörst. Lesen ist einfach, lesen macht Spaß, und weil du jetzt jeden einzelnen Buchstaben, jedes Wort, jeden Satz und jedes Satzzeichen immer schneller erkennen kannst du es jetzt auch immer besser und besser, und Lesen weckt in dir ein gutes Gefühl der Entspannung. Leicht und sicher ... selbst vor großen Gruppen mit vielen Leuten fällt dir Lesen leicht ..."

Die Übung dauerte etwa fünfzehn Minuten. Danach habe ich Tobi einen ihm unbekannten Text lesen lassen. Zu unserer Überraschung und Freude schaffte Tobi diesen Text nun mit nur einem einzigen Fehler. Das Ergebnis erstaunte nicht nur mich, sondern auch meine Frau und vor allem Tobias. Ich glaube, das war auch der Moment, an dem meine Frau erstmals darüber nachdachte, sich zu einem Kurs in Neurolinguistischem Programmieren anzumelden.

Thomas Armstrong schreibt in seinem Buch *Das Märchen vom ADHS-Kind*: „In der Zeit meiner Tätigkeit als Lehrer für »hyperaktive Kinder« ist mir oft aufgefallen, wie angespannt diese Kinder waren, während sie mit Mathematikproblemen kämpften, die Regeln eines neuen Spiels zu erlernen versuchten oder sich mit anderen Aufgaben abmühten. Es war fast, als drohten sie vor Energie zu platzen. Sie mussten sich ungeheuere Mühe geben und große Entschlossenheit entwickeln – was in Muskelanspannung zum Ausdruck kam –, sich unter Kontrolle zu halten. Wenn man außerdem bedenkt, wie frustrierend es für sie ist, nirgendwo richtig »hineinzupassen«, welche Probleme sie auf dem Spielplatz mit Gleichaltrigen haben und wie oft sie von ihren Geschwistern, Eltern und Lehrern kritisiert werden, ist das Resultat in vielen Fällen starker Stress."

Natürlich fällt es Kindern unserer heutigen Zeit immer schwerer, sich bei der zunehmenden Reizüberflutung und aufgrund der hektischen Aktivitäten, die durch die Berufstätigkeit beider Elternteile entstehen, völlig zu entspannen.

Kürzlich beschrieb mir die kleine Lisa ihren Tagesablauf: „Rein ins Auto und zum Kindergarten, raus aus dem Kindergarten und rein ins Auto der Oma, zur Oma, von der Oma zum Turnen am Nachmittag. Mama holt mich mit ihrem Auto bei der Oma ab, wir fahren noch in die Stadt, was einkaufen. Gehen durch viele Geschäfte, bis ich nicht mehr weiterlaufen will. Mama fährt uns nach Hause. Wir essen was und ich gehe ins Bett." Was träumt wohl so eine junge Kinderseele in der Nacht, wenn der Großstadtdschungel mit all seinen kräftigen Farben, seinen Verlockungen und seiner irrsinngen Geschwindigkeit bereits am Tag heftigst zugeschlagen hat?

Unsere Kinder brauchen Trostmöglichkeiten. Es muss einen Ort geben, wo sie sich rechtzeitig vor weiterer Stimulation abschotten können. Früher war das beispielsweise ein Baumhaus. Heute ist ein solcher Ruheplatz vielleicht eine aus Decken und Kissen selbst gebaute Höhle im Kinderzimmer. Mancher Kindergarten hat eine so genannte Kuschelecke, die von allen Kindern gemeinsam regelmäßig umdekoriert wird. Selbst in Schulen finden sich im Klassenzimmer Rückzugsmöglichkeiten, was fast schon an ein Wunder grenzt. Denn in zahlreichen Schulen, die ich bisher gesehen habe, ist der Platz pro Kind im Klassenzimmer wohl kleiner als der von Tierschützern geforderte Platz für eine frei laufende Legehenne. Wo sollen sich da Ideen ausbreiten, wo kann sich da Kreativität entwickeln, wenn unsere Kinder überall an Ecken stoßen?

Wenn Kinder keine Trostquellen haben, sollten Sie gemeinsam mit Ihren Kindern nachdenken, wo Sie solche stillen Orte schaffen und wie diese aussehen können. Ihre Kinder haben dazu bestimmt sehr gute Ideen. Und wenn Sie keinen Platz haben, dann schließen Sie Ihre Augen und fangen an, mit Ihren Kindern zu träumen. Schaffen Sie selbst mit Ihren Erzählungen interessante Räume. Plätze, an denen Ihre Kinder sich wohl fühlen. Sie könnten daraus ein Spiel machen, indem Sie sich bei Ihren Erzählungen mit Ihren Kindern abwechseln. Einen Satz erzählen Sie, den nächsten Satz erzählt Ihr Kind. Das ist eine gute Vorübung für die vielen Übungen, die Sie in diesem Buch noch finden werden.

In unserer hektischen Zeit sehnen sich Kinder nach diesem positiven Kontakt mit Ihren Eltern. Zig Ziglar, ein amerikanischer Bestseller-Autor, schreibt in seinem Buch *Raising Positive Kids in a Negative World* über eine Studie an 2500 Kindern: „Am stärksten belastet Kinder, wenn ihre Eltern zu wenig Zeit mit ihnen verbringen." Sicherlich haben sich die Erfordernisse des Berufslebens in den letzten Jahren stark verändert, immer mehr Menschen müssen deshalb mit weniger privater Zeit auskommen. Ich habe den Sohn eines in Deutschland sehr bekannten ARD-Korrespondenten kennen gelernt, der für unsere Sender als Nachrichtenchef arbeitete. Der Sohn absolvierte bei unserem Sender ein Praktikum und erzählte mir dabei, dass er schon in vielen Orten gelebt hatte, denn sein Vater wollte immer von seiner Familie umgeben sein, selbst an den abwegigsten Orten dieser Erde. Natürlich arbeitet man als Nachrichtenchef sehr viel länger als ein normaler Angestellter. Auf die Frage, wie sein Vater sich in die Familie einbringen konnte, antwortete er mir: „Wenn mein Vater zu Hause ist, dann ist er für uns Kinder da. Es ist nicht die Quantität von Zeit, sondern die Qualität, wie mit ihr umgegangen wird." Das hat mir damals sehr zu denken gegeben, denn zu dieser Zeit war Vater-Sein für mich noch relativ neu und ich haderte oft mit mir, da es mir nicht gelingen wollte, meinen Vaterfreuden von der Zeit her optimal nachgehen zu können. Ich hatte immer den Eindruck, dass ich zu wenig Zeit zu Hause verbringen konnte. Nachdem ich glaube, dass wir von jedem Menschen, der uns begegnet, etwas lernen können, beschloss ich das Beispiel des Nachrichtenchefs aufzugreifen und ab diesem Zeitpunkt mehr Qualität in unsere Zusammenkünfte zu bringen. Mit der Zeit hat sich dann im Alltag für mich die Zeit des Zubettgehens als der richtige Zeitpunkt herauskristallisiert, um, neben den Wochenenden, die ja intensiver genutzt werden können, eben diese Qualität in unsere gemeinsamen Stunden zu bringen, und darüber bin ich sehr glücklich.

Ich kann Ihnen die Zeit vor dem Einschlafen sehr empfehlen, Sie erfahren kurz vor der Nacht nochmals alles, was an diesem Tag wirklich wichtig war. Dies wirkt bei Ihren Kindern wie ein Überreiz-Puffer, der alles abfängt, was zu viel ist.

Solche Gute-Nacht-Geschichten können Sie im Bett erzählen. Sie können dafür auch den stillen Ort benutzen. Dieser sollte jedoch nicht nur für die Geschichten genutzt werden. Es sollte für Ihr Kind ein Bereich werden, an dem es auch am Tag eine Auszeit nehmen kann. Wenn es mal Streit gegeben hat, wenn Sie selbst mit dem Kind in einer Krise stecken, wenn Sie gerade nicht weiterkommen. Ein Beispiel: Dennis mag nicht mehr essen, hat aber nach Einschätzung seiner Mutter gerade mal zwei Nudeln heruntergeschluckt. Wiederholt fordert ihn die Mutter auf, seinen Teller leer zu essen. Dennis weigert sich, wird dabei nur noch zappeliger und wirft dabei sein Glas mit rotem Traubensaft um. Auch auf dem Teppich ist eine rote Traubensaftpfütze. Jetzt gibt es zwei Möglichkeiten: Die einfachste ist wohl auszurasten. Die zweite und jedenfalls sinnvollere Strategie ist, Dennis zu bitten, zunächst einmal in diesen „Auszeitbereich" zu gehen. Wichtig ist dabei, dass Dennis die freie Wahl hat, wo dieser Auszeitbereich ist und wie lange er sich darin aufhält.

Mary Sheedy Kurcinka beschreibt das in ihrem Buch *The Spirited Child* so: „Man sollte die Auszeit so sehen wie ein Basketball-Coach. Als Chance, sich für einen Augenblick aus dem aktiven Geschehen zurückzuziehen, den Körper zu regenerieren und die Spielstrategie neu zu überdenken und zu reorganisieren." Eine solche Auszeit ist natürlich auch für Sie als Eltern eine hilfreiche Strategie, denn es erlaubt Ihnen selbst, Abstand zu gewinnen und sich aus der Situation herauszunehmen. Schon kurz danach können Sie wesentlich überlegter und beruhigter auf die Ursachen reagieren.

Vielleicht schaffen Sie sich als Erwachsener auch einen solchen Entspannungsplatz. Die Wohnung einer sehr guten Bekannten bietet gleich mehrere solcher Energieplätze. Ich hatte letzten Sommer das Vergnügen, nach einer langen Reise einmal einen solchen Platz bei ihr auszuprobieren. Er liegt mitten in ihrer Berliner Stadtwohnung. Ein ruhiger, orientalisch anmutender Winterbalkon, der bereits im Wachzustand zum Traumreisen einlädt. Dieser Ort ist so stark beruhigend, dass mich selbst die Erinnerung daran weit, weit wegführt. Das Fenster war leicht geöffnet. Und während mir die blütenschwangere warme Mailuft um die Nase wehte, war ich in eine leichte Decke eingewickelt, hörte dem leisen Plätschern des kobaltblauen Zimmerbrunnens zu und konnte mich einem kleinen ruhigen Nachmittagsschläfchen und der Ruhe in meinem Kopf hingeben. Es ist wunderbar, daran zu denken. Es macht durchaus Sinn, dass wir solche Bewusstseinszustände in uns abspeichern. Damit fällt es uns leicht, jederzeit fest bei uns abgespeicherte Zustände wieder einzunehmen und uns damit bewusst auf die gerade geforderte Aufmerksamkeit oder auf die mögliche Entspannung einzustellen. Später werden wir uns gemeinsam erarbeiten, wie Sie es schaffen, einen Zustand absoluter Entspannung bei sich selbst abzuspeichern und ihn jederzeit abrufbar auszulösen. Ebenso werden wir einen für das Lernen sehr wichtigen Bewusstseinszustand vollkommener Konzentration etablieren, damit Sie auch diesen Zustand jederzeit für sich nutzen können.

1.3 Der Einsatz der CD in der Praxis

Diesem Buch ist eine CD beigefügt. Diese erlaubt Ihnen, die gerade beschriebenen Zustände, wann immer Sie es wollen, in Ihnen und Ihren Kindern auszulösen. Sie finden eine Traumreise für den Zustand der Konzentration und eine zur Beruhigung. Somit können Sie zunächst für sich selbst ausprobieren, wie sich diese beiden unterschiedlichen Bewusstseinszustände anfühlen und welche Bilder sie damit vor Ihrem geistigen Auge projizieren. Sie werden rasch feststellen, je öfter Sie die CD hören, desto einfacher wird es Ihnen fallen, sich jedes Mal schneller auf die gewünschten Bewusstseinszustände einzustellen. Bald werden Sie die CD nicht mehr brauchen, da sich die veränderten Zustände schnell bei Ihnen abspeichern werden und Sie nur auf einen bestimmten imaginären Knopf drücken müssen, um leicht und sicher in einen der beiden Zustände zu kommen. Außerdem werden Sie schnell die Fähigkeit erlangen, selbst die besten Einschlafmärchen zu erzählen. So können Sie sich flexibel an der aktuellen Situation Ihrer Kinder orientieren.

Besondere Beachtung wird dabei Kindern geschenkt, bei denen das so genannte ADHS-Syndrom (Aufmerksamkeits-Defizit/Hyperaktivitäts-Störung) diagnostiziert wurde. Lassen Sie mich auf diese „Erscheinung" später nochmals zurückkommen.

Sie werden sicher neugierig sein, wie sich die CD anhört. Zögern Sie nicht, die beiden Aufnahmen einmal anzuhören. Beachten Sie bitte, dass Sie die CD keinesfalls nebenbei hören sollten, wenn Sie Maschinen bedienen oder Auto fahren. Sie enthalten so genannte hypnotische Sprachmuster, die leicht dazu führen können, dass Sie nicht nur leicht wegdröseln, sondern tief einschlafen. Bitte hören Sie deshalb die CD zu Hause an, legen Sie sich entspannt in Ihre neu geschaffene Ruhe- oder Kuschelecke. Diese CD ist für Ihre Kinder gemacht, deshalb spreche ich dort auch in Du-Form, was sich bei Traumreisen grundsätzlich anbietet. Auch in der Erwachsenenarbeit spricht die Du-Form das Bewusstsein und das Unterbewusstsein direkter an.

Welcher Zustand ist für welche Situation? Darauf gibt es keine eindeutige Antwort. Da jeder Mensch glücklicherweise anders ist, probieren Sie es einfach aus. Sie sollen ja mit der CD nur eine Temperatur bekommen, wie es sich dann anhört, wenn alle im Buch beschriebenen Techniken angewendet werden. Deshalb beschränken wir uns zunächst einmal auf die beiden Zustände *Konzentration* und *Entspannung*. Nun gibt es natürlich Kinder, die immer zappeliger werden, je ruhiger es wird. Ich habe dieses Phänomen auch bei vielen Erwachsenen beobachtet. Das hängt zum einen damit zusammen, dass wir gerade die Entspannung in unserer hektischen Zeit als einen so ungewohnten Zustand empfinden, dass wir unsicher werden über die plötzliche Stille, die wir empfinden, was zu verstärkter Unruhe führen kann. Hier hilft fleißiges Üben. Bereits beim vierten oder fünften Mal ist dieses „Phänomen“ verschwunden, und wundersame Ruhe verschafft sich Raum. Sie werden sehen, jedes Mal, wenn Sie die Übungen wiederholen, werden Sie noch ein bisschen tiefer und tiefer sinken können als das Mal zuvor.

Zum anderen gibt es in Ausnahmefällen Menschen, die auf zu wenig Reize mit Unruhe oder Hyperaktivität reagieren. Hier können Sie experimentieren: Nehmen Sie den Text nochmals auf und unterlegen Sie ihn am besten mit rhythmischer Musik. Ich selbst habe, wenn sich diese Unruhe gezeigt hat, mit indischer Entspannungsmusik die besten Erfahrungen gemacht: Die Inder schaffen es (etwas vereinfacht und salopp gesagt), mit ihren Klängen „entspannte Hektik“ zu verbreiten. Der Takt ist für Tranceisen meist zu schnell, wirkt aber im Zusammenspiel mit anderen Instrumenten beruhigend. Für diejenigen, die bei ruhiger Musik zappelig werden, ist diese unterlegte Musik genau das Richtige.

Was ist bei der Auswahl von Musik zu beachten? Ich habe festgestellt, dass die leisen Töne ruhiger Musik, während ich meinen Kindern eine Geschichte erzähle, schnelles Einschlafen rapide beschleunigen. Woher kommt das? Die Erkenntnisse über den Einsatz von Musik haben wir dem bulgarischen Arzt und Psychiater Dr. Georgi Lozanow zu verdanken. Er begründete die Methode des Superlearning, welche bereits Millionen von Menschen erleichterte, schnell und effizient Fremdsprachen zu lernen, solange sie richtig angewandt wurde. Lozanow nutzte dabei den Unterschied zwischen linker und rechter Gehirnhälfte geschickt aus.

Dass sich die beiden Hemisphären deutlich unterscheiden, hat Robert Ornstein vom Langley Porter Neuropsychatric Institute anhand langjähriger Hirnforschung nachgewiesen. Die linke Hemisphäre verarbeitet logisch digital. Sie ordnet in Zahlen, Wörtern und in Zeitbegriffen. Die rechte Gehirnhälfte verarbeitet analog. Sie ist die musische Seite. Sie steht für unser künstlerisches Schaffen, denkt kreativ und diffus in

Raumbegriffen und kann nur Bilder verarbeiten, ordnet nicht, wie die linke Gehirnhälfte linear, sondern bringt verschiedene Impulse simultan zusammen.

Für das Lernen, so fand Georgi Lozanow heraus, brauchen wir nicht *alleine* den Zustand der völligen Entspannung. Sonst wären ja in der Schule und am Arbeitsplatz gerade diejenigen, die am Morgen unausgeschlafen sind, die mit den besten Leistungen. Gute Konzentration ist im Entspannungszustand nur möglich, wenn gleichzeitig das Bewusstsein wach gehalten wird. Es kommt also darauf an, welche Form der Entspannungsmethode gewählt wird. Dr. Lozanow machte eine interessante Entdeckung: Er setzte ruhige, getragene Barockmusik, kombiniert mit einer bestimmten Atemtechnik, ein und schaffte so entspannte Zustände und bewirkte gleichzeitig, dass das Bewusstsein vollkommen wach und aufnahmefähig war. Die ideale Voraussetzung für das Lernen.

Auf der CD findet Ihre linke Gehirnhälfte nun Sprache zum digitalen Verarbeiten. Es wäre gut, wenn Sie dazu für Ihre rechte Gehirnhälfte Musik anstellen würden, damit diese auch etwas zu lauschen hat.

Um Ihre Kinder in eine gute Einschlaftrance zu versetzen, öffnet die richtige Musik den Kanal zum Unterbewusstsein, und die Worte überfrachten die linke Gehirnhälfte danach so, dass Motivation und Entspannung leicht ihren Weg finden.

Wenn Sie selbst Musik für die Entspannung auswählen, achten Sie darauf, dass der Rhythmus nicht mehr als 60 Schläge pro Minute enthält und keine dominanten Instrumente, kein Gesang und keine Tiergeräusche darauf zu hören sind. Diese können den Prozess der Entspannung behindern oder sogar Angst auslösen. Der 60er Schlag ist ideal, weil er in unserem Unterbewusstsein als der beste Rhythmus bereits im Mutterleib abgespeichert worden ist. Immer, wenn die Mutter ganz entspannt war, nahmen wir im Körper eine Herzfrequenz von 60 Schlägen pro Minute wahr.

Nachdem ich Ihnen nun die Vorteile dieses Programmes erläutert habe, schlage ich vor, wir unternehmen einen kleinen Ausflug in den Realitätstunnel ADHS. Um uns bald danach wieder davon abzuwenden und uns unseren Kindern, der Kommunikation zwischen Eltern und Kindern und danach verschiedenen Beruhigungs- und Konzentrationsstrategien zuzuwenden.

1.4 Modediagnose ADHS

Aufmerksamkeits-Defizit/Hyperaktivitäts-Störung, diesen Stempel tragen mittlerweile viele Kinder mit sich herum, und es werden von Jahr zu Jahr mehr. Warum? Im Mittelpunkt dieser neuen „Psychischen Krankheit“ steht eine Tabelle der Weltgesundheitsorganisation WHO. Diese Tabelle heißt ICD 10. Beziehungsweise das

Klassifikationssystem psychischer Störungen DSM-IV (Diagnostic and Statistical Manual of the America Psychiatric Association, 1994), und man hat den Eindruck, dass die Listen der Symptome jedes Jahr ein kleines bisschen länger werden. Mittlerweile ist diese Tabelle auf über 100 Einzelsymptome angewachsen, die in unterschiedlichen Ausprägungen und Kombinationen auftreten, aber nicht alle gleichzeitig vorhanden sein müssen.

Eine Möglichkeit, dieses Symptom mit Medikamenten zu bekämpfen, ist die Verordnung des Wirkstoffs Methylphenidat, für welches die beiden Medikamente Ritalin und Medikinet stehen. In der Zeit von 1995 bis 2000 ist laut Arzneiverordnungsreport die Zahl der Verordnungen von Methylphenidat in Deutschland von 1,3 Millionen Tagesdosen auf 13,5 Millionen Tagesdosen angestiegen. Viele Medikamente haben nicht nur Wirkungen, sondern auch unerwünschte Nebenwirkungen. Es steht mir nicht zu, darüber zu befinden, in welcher Weise welches Medikament eingenommen werden soll, oder nicht. Ich kann hier nur dazu anregen auch andere Strategien auszuprobieren.

Das Themengebiet ADHS sollte jedenfalls nicht allein der Pharmaindustrie überlassen werden. Ich kenne einige Homöopathen, die verhaltensauffällige Kinder erfolgreich behandelt haben. Der Vorteil ist, dass sich Heilpraktiker intensiver mit der Gesamtsituation des Kindes beschäftigen können. Ärzte sind in unserem Gesundheitssystem oft dazu gezwungen, sich schnell einen Überblick zu verschaffen, und in der Wahl der Medikamente gesetzlich eingeschränkt.

Im *Spiegel* Nr. 29 vom 15. Juli 2002 urteilt ein Kinderarzt und Psychoanalytiker: „ADHS ist insgesamt ein Konstrukt. Damit wird ein Verhalten von Kindern erklärt, das unsere Gesellschaft hervorgebracht hat. Man stülpt da einer ganzen Kindergeneration etwas über." Er geht sogar so weit zu sagen: „Ein Medikament allein zu geben ist ein ärztlicher Kunstfehler", und verweist auf begleitende Maßnahmen.

Tatsächlich, die Liste der Symptome aus der DSM-IV liest sich entweder wie ein Horrorschautraum oder wie die Beschreibung eines ganz normalen Tages mit einem ganz normalen Kind. Je nachdem wie man mit den Beschreibungen umgeht (Glas halb voll oder halb leer). Und die Angabe, dass die Symptome nicht alle gleichzeitig vorhanden sein müssen, lässt die Bandbreite von nahezu unaufällig bis extrem auffällig sehr groß werden. Bevor ich Ihnen jedoch diese Tabelle zu lesen gebe, ein paar Worte über das Metamodell, welches Richard Bandler und John Grinder 1975 beschrieben. Das Metamodell ist sehr nützlich, um möglichst präzise zu kommunizieren.

Bestimmt haben Sie schon einmal einen Reiseprospekt in der Hand gehalten und die verlockenden Angebote gelesen: „Kurzer Weg zum ruhigen Strand" und „Nahe des Hotels befindet sich die beliebteste Disko der Insel". Wenn Sie dann im Traum-Aufenthaltsort ankommen, entpuppt sich der „*kurze* Weg zum *ruhigen* Strand" als ein zwanzigminütiger strenger Fußmarsch zu einem Strand, der nur deshalb ruhig ist, weil es nahezu unmöglich ist, zwischen all den Glasscherben, spitzen Steinen und leeren Bierdosen einen passenden Liegeplatz zu finden. Und „die *beliebteste* Disko der Insel" sorgt auf dem Parkplatz, der sich in Rufweite Ihres Hotelzimmers befindet, bis fünf Uhr morgens für das lustige Spiel, wer denn sein Auto am ohrenbetäubendsten aufdrehen und mit den Bremsen am lautesten quietschen kann.

Also, die Prospektangaben *kurz, ruhig* und *beliebt* sind doch klare Formulierungen, oder? Genauso verhält es sich mit *häufig, oft* und *unangemessen,* die Sie in der u.a. Tabelle später lesen werden. Was ist denn *häufig*? Gemessen an was? Verglichen mit wem? Thomas Armstrong stellt fest: „Es liegen Untersuchungen vor, die zeigen, dass in Gesellschaften mit noch rigideren Verhaltensnormen als in den Vereinigten Staaten – beispielsweise in China oder Indonesien – Psychiater Kinder, die nach US-Standards als »normal« gelten, häufig als hyperaktiv definieren."

Im Metamodell beschreiben Bandler und Grinder genau diese Fälle. Zum Beispiel:

Vergleiche: „Timo behält zu wenig im Kopf." Eine präzise Betrachtung des Satzes zeigt augenfällig die Worte „zu wenig" als ungeeignet, um genau zu beschreiben, was das Problem wirklich ist. „Zu wenig" im Kopf, da stellt sich die Frage: Im Vergleich zu wem?

Generalisierungen. Gemeint sind Pauschalurteile über bestimmte Gruppen, die wir leichtfertig über bestimmte Gruppen stülpen: Ausländer beispielsweise, Politiker, Lehrer, Journalisten, Hundebesitzer, Kaminkehrer oder eben sog. ADHS-Kinder: „*Alle* Kinder mit ADHS sind gleich." – Wirklich „alle"? Jedes, ohne eine einzige Ausnahme?

Unbestimmte Substantive. Sie merken schon, jetzt befassen wir uns konkret mit unserer Sprache. Toleranz, Mut, Freiheit, Liebe, Hoffnung sind unbestimmte Hauptwörter. Hier ein Beispiel: „Philipp hat eine *Abneigung* gegen *Anweisungen.*" Was genau bedeutet „Abneigung", wie zeigt sie sich, gegen welche „Anweisungen" richtet sich diese „Abneigung"? Liegt es vielleicht an den Anweisungen oder der Art und Weise, wie sie gegeben werden. Welche Anweisungen missfallen Philipp, welche werden ausgeführt? Wie genau werden diese Anweisungen ausgeführt. Bei welchen Personen „funktioniert" Philipp, bei welchen nicht? Welche Unterschiede gibt es dabei festzustellen?

Unbestimmte Adjektive und Verben. Nicht nur Substantive können wir in unbestimmte und bestimmte unterscheiden, bei den meisten Adjektiven und Verben stellt sich die Frage nach dem „Wie": „Lisa lässt sich durch äußere Reize *leicht ablenken.*" Wie genau lässt sie sich „ablenken"? Wodurch genau (Reize = unbestimmtes Substantiv) lässt sie sich „ablenken" und was bedeutet „leicht" in diesem Zusammenhang?

Versteckte Regeln: „Ich kann doch nicht dulden, dass ein Kind einer Autoritätsperson gegenüber in Opposition geht." Warum eigentlich nicht? Wer bewertet da eigentlich, nach welchem System? Wer entscheidet über gut und böse? Unsere Welt wird immer offener, und nur noch wenige wirkliche Autoritäten sind akzeptiert. Viele Glaubenssysteme befinden sich in Auflösung. Der Vater akzeptiert „die da oben" nicht, aber von unseren Kindern erwarten wir, dass sie parieren, wenn ihnen etwas gesagt wird. Das widerspricht sich nicht nur, wir müssen immer auch prüfen, von wem Regeln aufgestellt werden, zu welchem Zweck und mit welcher Intention. Immer schneller können wir dann diese versteckten Regeln aufspüren und verstehen, wem sie wirklich nützlich sind.

Mit den Informationen über das Metamodell fällen Sie nun Ihr eigenes Urteil über die nachfolgenden „präzisen" Angaben, denen eine Diagnose von ADHS zugrunde liegt:

Für eine ADHS-Diagnose müssen entweder A1 und/oder A2 sowie B, C, D und E zutreffen.

A1 *– Unaufmerksamkeit*
Sechs (oder mehr) der folgenden Symptome von Unaufmerksamkeit sind während der letzten sechs Monate in einem mit dem Entwicklungsstand des Kindes nicht zu vereinbarenden und unangemessenen Ausmaß vorhanden gewesen:

- ➜ beachtet häufig Einzelheiten nicht oder macht Flüchtigkeitsfehler bei den Schularbeiten, bei der Arbeit oder bei anderen Tätigkeiten;
- ➜ hat oft Schwierigkeiten, längere Zeit die Aufmerksamkeit bei Aufgaben oder beim Spielen aufrechtzuerhalten;
- ➜ scheint häufig nicht zuzuhören, wenn andere ihn/sie ansprechen;
- ➜ führt häufig Anweisungen anderer nicht vollständig durch und kann Schularbeiten, andere Arbeiten oder Pflichten am Arbeitsplatz nicht zu Ende bringen (nicht aufgrund oppositionellen Verhaltens oder aufgrund von Verständigungsschwierigkeiten);
- ➜ hat häufig Schwierigkeiten, Aufgaben und Aktivitäten zu organisieren;
- ➜ vermeidet häufig oder hat eine Abneigung gegen oder beschäftigt sich häufig nur widerwillig mit Aufgaben, die länger dauernde geistige Anstrengungen erfordern (wie Mitarbeit im Unterricht oder Hausaufgaben);
- ➜ verliert häufig Gegenstände, die für Aufgaben oder Aktivitäten benötigt werden (z.B. Spielsachen, Hausaufgabenhefte, Stifte, Bücher oder Werkzeug);
- ➜ lässt sich oft durch äußere Reize leicht ablenken;
- ➜ ist bei Alltagstätigkeiten häufig vergesslich.

A2 *– Hyperaktivität und Impulsivität*
Sechs (oder mehr) der folgenden Symptome der Hyperaktivität und Impulsivität sind während der letzten sechs Monate beständig in einem mit dem Entwicklungsstand des Kindes nicht zu vereinbarenden und unangemessenen Ausmaß vorhanden gewesen:

Hyperaktivität

- ➜ zappelt häufig mit Händen oder Füßen oder rutscht auf dem Stuhl herum;
- ➜ steht in der Klasse oder in Situationen, in denen Sitzenbleiben erwartet wird, häufig auf;
- ➜ läuft herum oder klettert exzessiv in Situationen, in denen dies unpassend ist (bei Jugendlichen oder Erwachsenen kann dies auf ein subjektives Unruhegefühl beschränkt bleiben);
- ➜ hat häufig Schwierigkeiten, ruhig zu spielen oder sich mit Freizeitaktivitäten ruhig zu beschäftigen;
- ➜ ist häufig „auf Achse" oder handelt oftmals, als wäre er/sie „getrieben";
- ➜ redet häufig übermäßig viel.

Impulsivität
- ➜ platzt häufig mit Antworten heraus, bevor die Frage zu Ende gestellt ist;
- ➜ kann nur schwer warten, bis er/sie an der Reihe ist;
- ➜ unterbricht und stört andere häufig (platzt z.B. in Gespräche oder Spiele anderer hinein).

B
Einige Symptome der Hyperaktivität-Impulsivität oder Unaufmerksamkeit, die Beeinträchtigungen verursachen, treten bereits vor dem Alter von sieben Jahren auf.

C
Beeinträchtigungen durch diese Symptome zeigen sich in zwei oder mehr Bereichen (z.B. in der Schule bzw. am Arbeitsplatz und zu Hause).

D
Es müssen deutliche Hinweise auf klinisch bedeutsame Beeinträchtigungen in sozialen, schulischen oder beruflichen Funktionsbereichen vorhanden sein.

E
Die Symptome treten nicht ausschließlich im Verlauf einer sog. tiefgreifenden Entwicklungsstörung, einer Schizophrenie oder einer anderen psychotischen Störung auf und können auch nicht durch eine andere psychische Störung besser erklärt werden (z.B. Affektive Störung, Angststörung, Dissoziative Störung oder eine Persönlichkeitsstörung).

Subtypen
TYP 1: Wenn die Kriterien A1 und A2 während der letzten sechs Monate erfüllt waren: DSM-IV 314.01 (ICD-10 F90.00) Aufmerksamkeits-Defizit/Hyperaktivitäts-Störung, Mischtypus

TYP 2: Wenn Kriterium A1, nicht aber Kriterium A2 während der letzten sechs Monate erfüllt war: DSM-IV 314.0 (ICD-10 F98.8) Aufmerksamkeits-Defizit-/Hyperaktivitäts-Störung, vorwiegend Unaufmerksamer Typus

TYP 3: Wenn Kriterium A2, nicht aber Kriterium A1 während der letzten sechs Monate erfüllt war: DSM-IV 314.O1 (ICD-10 F90.1) Aufmerksamkeits-Defizit-/Hyperaktivitäts-Störung, vorwiegend hyperaktiv-impulsiver Typus

(DSM-IV Diagnostic and Statistical Manual of the American Psychiatric Association, 1994)

Hier hat die Liste des Schreckens ein Ende. Also, können Sie mir erklären, was die unpräzise Formulierung „... in einem mit dem Entwicklungsstand des Kindes nicht zu vereinbarenden und unangemessenen Ausmaß vorhanden ...“ *konkret* bedeutet?

Können Sie sich vorstellen, welchen Einfluss subjektives Ermessen unterschiedlicher Therapeuten und ihre jeweilige Tagesform auf die Bewertung haben?

Als ich diese Liste zum ersten Mal las, kannte ich das Metamodell bereits, so wie Sie jetzt auch. Ist es Ihnen nicht auch so gegangen? Haben sich nicht auch alle scheinbar präzisen Beschreibungen in Luft aufgelöst?

Machen Sie sich doch einmal den Spaß und lassen Sie sich von einem guten Freund selbst nach dieser Liste beurteilen. Vielleicht „leiden“ sie ja auch an ADHS und wissen es noch gar nicht. Bestimmt fällt ihr/e Bekannte/r auch auf diese Wischiwaschi-Formulierungen herein. Sie sind etwa so konkret formuliert wie das Monatshoroskop eines Kapitalanlagemagazins: „Diesen Monat haben Sie die Chance, aus einer Reihe von Geheimtipps den richtigen auszuwählen. Doch Vorsicht, wer nicht aufpasst, verliert viel!“ Alles klar, oder???

2. Was ist ADHS? Zur Klärung

Eine Reihe von Fachleuten unterscheiden innerhalb des Modells von ADHS zwei wichtige Untergruppen: ADHS Aufmerksamkeits-Defizit mit Hyperaktivitäts-Syndrom: „der Zappelphilipp"; und ADHS Aufmerksamkeits-Defizit ohne Hyperaktivitäts-Syndrom: „das Träumerchen". Ich möchte hier beide Verhalten kurz skizzieren, damit Sie leichter aus dem Realitätstunnel wieder herausfinden können.

2.1 Der Zappelphilipp

„Ob der Philipp heute still, wohl bei Tische sitzen will? / Also sprach in ernstem Ton/ Der Papa zu seinem Sohn / Und die Mutter blickte stumm / Auf dem ganzen Tisch herum / Doch der Philipp hörte nicht / Was zu ihm der Vater spricht / Er gaukelt / Und schaukelt / Er trappelt / Und zappelt / Auf dem Stuhle hin und her / »Philipp, das missfällt mir sehr!«"

Der Arzt Heinrich Hoffmann schrieb dieses Gedicht, welches aus dem Buch „Struwelpeter" stammt. Ursprünglich als Weihnachtsgeschenk für seinen Sohn gedacht, hielt der Struwelpeter schnell Einzug in die Kinderzimmer dieser Welt und zählt heute noch zu den erfolgreichsten Kinderbüchern. Ich selbst hatte ein solches Buch als Kind zu Hause und sah die schrecklichen Bilder, als der Daumenlutscher unter Schmerzen die Finger abgeschnitten bekam und vom zündelnden Paulinchen nur noch Asche übrig blieb. Passen Sie bitte sehr auf, dieses Buch kann Kindern Angst machen! Es ist voll von brutaler Gewalt, von mahnenden Elternfiguren, die über allem stehend ihre eigenen engen Moralvorstellungen auf ihre Kinder projezieren. Ich kann nicht verstehen, wie man sich selbst gegen harmlose Kinderprogramme im Fernsehen stellen kann und gleichzeitig seinen Kindern solche Bücher vorliest.

Verstehen Sie mich bitte richtig, ich bin gegen jede Form von Gewalt in Kinderprogrammen im Kino und im TV, in Videospielen, aber auch in Kinderbüchern. Gewaltszenen brauchen in den zarten Kinderseelen Jahre, bis sie verarbeitet sind. Der „Struwelpeter" ist ein interessanter literarischer Zeitzeuge des vorletzten Jahrhunderts und gehört damit in die Bücherregale der Erwachsenen.

Also, was ist nun mit dem Zappelphilipp? Jeder kennt ein solches Kind. Es ist impulsiv und sein Verhalten scheint oft unvorhersehbar. Wenn es einen Entschluss fasst, dann muss dieser sofort umgesetzt werden. Ich kenne zwar eine Reihe von Künstlern, die ihr Geld damit verdienen, spontan ihre Eingebungen intuitiv umzusetzen. Sie malen, schreiben oder komponieren dann nächtelang durch, und niemand würde sich über die Unberechenbarkeit meiner Freunde beklagen. Sie sind halt so. Und passen damit natürlich nicht in die Normenwelt eines „Acht- bis Siebzehn-Uhr-Jobs".

Sicherlich werden wir jedoch bei näherer Betrachtungsweise nicht umhinkommen zu akzeptieren, dass es Verhaltensnormen gibt, die in bestimmten Situationen angemessen sind. Und es geht eher darum, den Kindern Handlungsalternativen aufzuzeigen, wenn ihr Verhalten gerade unangemessen oder nicht stimmig ist.

Ständig ist der Zappelphilipp aktiv. Er klettert auf jeden Baum und springt mit Freude in jede Pfütze. Auf großen Familienfesten weiß man nie so genau, wo er gerade ist. Wenn man nach ihm fragt, erhält man von allen die Antwort: „Den habe ich gerade gesehen, aber plötzlich war er nicht mehr da. Vielleicht ist er draußen oder drinnen." Wo immer er auch ist, ist er ansteckend. Der Zappelphilipp kann sich, wenn er von anderen Kindern umgeben ist, schnell zum Impulsgeber des Wirbelsturms machen. Er powert sich mit den anderen immer höher und verwandelt einen lahmen Kindergeburtstag zu einer wilden Party. Aus zahmen angepassten Kindern „zaubert" er ohne Vorwarnung eine unbändige, schreiende Meute. Die Kinder finden es jedenfalls lustig. Erwachsene können auf solchen Partys leicht an die Grenzen ihrer Flexibilität geführt werden.

Schwierig wird es, wenn dabei jemand zu Schaden kommt. Wo man sich unkontrolliert bewegt, kann schnell etwas passieren, was nicht bedacht wurde. Dies ist besonders gefährlich im Straßenverkehr, wenn an unübersichtlichen Stellen geblödelt wird.

Um das „Syndrom" komplett zu machen, muss an dieser Stelle nicht nur über die Hyperaktivität geschrieben werden, sondern auch über das Aufmerksamkeits-Defizit. Die Harvard-Professorin Ellen J. Langer experimentierte viel mit Kindern und entdeckte Interessantes: Sie ließ Kindern in einem Raum, in dem ein TV-Gerät platziert war, Videos vorspielen. Einmal finden sich in diesem Zimmer keine Spielsachen, beim anderen Versuch schon. Die „Versuchskinder" bestehen jeweils zur Hälfte aus so genannten „ADHS-Kindern", zur anderen Hälfte aus verhaltensunauffälligen Kindern. Ellen J. Langer stellte fest, dass die Kinder mit „ADHS" sich leichter durch die Spielsachen vom Fernsehen ablenken ließen als die Kinder ohne „ADHS". Wenn also zu einem Reiz (TV) ein weiterer Reiz (Spielsachen) hinzukommt, dann können diese Kinder vom einen auf das andere umschalten. Sie kommt zu dem Schluss, dass Konflikte zwischen Eltern und Kindern immer dann zustande kommen, wenn der Reiz, den wir für den beachtenswerteren halten (in diesem Beispiel TV), von dem Reiz überlagert wird, den wir als nebensächlich empfinden (in diesem Beispiel Spielsachen). Das Kind steuert also seine Aufmerksamkeit (scheinbar unkontrolliert, weil von uns nicht gewünscht) auf die Reize, die es gerade interessieren.

Somit verlieren die Tribute „fängt vieles an und bringt nichts zu Ende“ und „scheint nicht genügend zuzuhören“ an Gewicht. Wir müssen dafür sorgen, dass wir interessante Informationen auf interessante Art und Weise vorbringen. Wir müssen, wie übrigens immer, wenn wir kommunizieren, Verantwortung dafür übernehmen, dass wir auch richtig verstanden worden sind. Dies ist nicht nur ein Problem der Kinder, es ist auch das Problem der Erwachsenen. Sorgen wir dafür, dass wir eine Atmosphäre schaffen, die es anderen, egal ob Kinder oder Erwachsene, erleichtert, sich auf uns zu konzentrieren.

Ich hatte kürzlich ein solch unkonzentriertes Gespräch: Ich traf Tanja, eine ehemalige Schulkameradin, in der Stadt und wir unterhielten uns. Ich hatte den Eindruck, sie beobachtete während des Gespräches mit mir ständig die ganze Straße und wirkte deshalb kurzzeitig immer ein bisschen abwesend, fiel aber offenbar, wenn die Straße nichts Interessantes zu bieten hatte, plötzlich wieder sehr engagiert in das Gespräch ein. Da ich mir angewöhnt habe, solche „Entdeckungen“ schnell anzusprechen, statt mich hinterher darüber zu ärgern, sagte ich zu ihr: „Du wirkst auf mich heute so, als würdest du hinter mir etwas suchen.“

„Ja“, bestätigte sie zu meiner Verwunderung, „tatsächlich, ich habe mich um 14 Uhr mit meiner Mutter verabredet und nun sehe ich ständig die Straße auf und ab, damit ich sie nicht verpasse.“ Wir beschlossen, zuerst nach ihrer Mutter Ausschau zu halten, um uns dann, alle gemeinsam, eine Stunde später in einem Café zu treffen und uns dort aufmerksamer zu unterhalten.

Wenn wir uns dafür verantwortlich fühlen, was wir bei unseren Gesprächspartnern auslösen, was bei ihnen ankommen soll, dann müssen wir erstens für eine Gesprächsatmosphäre sorgen, die diesem Ansinnen gerecht wird, und zweitens uns vergewissern, dass unsere Wünsche, unsere Gesprächsbotschaften oder Arbeitsaufträge angekommen sind, indem wir zurückfragen: „Was ist deine Meinung dazu?“ „Kannst du dir so etwas vorstellen?“ „Wie würdest du diese Aufgabe nochmals zusammenfassen?“ „Wenn ich dich fragen würde, was du in welcher Reihenfolge tun musst, was würdest du mir antworten?“

Wenn Sie solche Fragen stellen, achten Sie darauf, dass sie kein Verhör veranstalten, sondern sich liebevoll darüber informieren, was angekommen ist. Statt: „Hast du mich verstanden?“ sagen Sie lieber: „Was ist jetzt als Nächstes von dir zu tun?“

Ob Sie zu Hause wirklich einen Zappelphilipp haben, das hängt davon ab, was Sie über das Verhalten Ihres Kindes wahrnehmen, und davon, welche Einstellung Sie selbst dazu entwickeln. Wenn Sie sagen können: „Mein Kind fordert mich mehr als andere Kinder, das ist eine interessante und herausfordernde Aufgabe für mich“, dann haben Sie bereits viel gewonnen. Dieses Buch wird Ihnen dabei helfen, dass Sie dies eines Tages über Ihren „scheinbaren“ Zappelphilipp auch wirklich aus voller Überzeugung sagen können.

2.2 Das Träumerchen

Mich verwundert nicht, dass sich immer mehr Lehrer darüber beschweren, dass Kinder heute unaufmerksam sind. In unseren Schulen hat sich über die letzten Jahrzehnte ein gleichförmiger Unterrichtsstil erhalten, der den modernen Anforderungen unseres wirklichen Lebens (außerhalb der Schule) nicht mehr gerecht wird. Wir brauchen uns doch nur einmal unsere Kinder vor Augen führen: Wie bunt ist diese Welt noch im Kindergarten. Abenteuer, interessante Geschichten zum Nacherleben, Spielen in der freien Natur. Bunte Farben, mit denen Kinder matschen dürfen und stundenlang im Sandkasten die Welt begreifen.

Was bleibt davon in der Schulzeit? Ein tristes, eindimensionales Blatt Papier, genormt DIN A 4 in Weiß, ein schwarzer Bleistift und wenig Anregungen darüber hinaus, wenn man einmal vom „roten Plastik-Einband für das Mathematikheft und dem orangefarbenen DIN-A4-Plastik-Einband für das Aufsatzheft" absieht. Das Schulsystem hat Schwierigkeiten, edukative Computerspiele in den Unterricht einzuarbeiten. Für Computerbeamer, um einen Unterricht wirklich multimedial zu präsentieren, fehlt dem Bildungssystem das Geld. Deutsche Kinder bilden bei der Pisa-Studie das Schlusslicht, weil es in der Breite der Lehrerschaft bisher nicht gelungen ist, eigene Initiativen zu entwickeln.

Woher sollen die Anregungen aus dem richtigen Leben auch kommen? Die meisten Lehrer haben nicht einmal ein Praktikum in einer schulfremden Firma vorzuweisen. Genau genommen sind sie ein ganzes Leben auf der Schule geblieben. Sie haben sich nicht ein einziges Mal getraut, das behütete System zu verlassen. Von der Grundschule aufs Gymnasium, von dort in das Studium und wieder zurück auf die Schule. Kein Zentimeter in wirklicher Freiheit. Da können keine Impulse aus dem Arbeitsleben kommen. Viele Seminarlehrer werden nur aufgrund ihrer guten Examensnoten zu solchen ernannt. So ist in der Lehrerausbildung oft entscheidend, wer mit seinen Unterrichten dem Seminarlehrer gefällt. Aktualität in den Konzepten und wie der Unterricht bei den Schülern ankommt, ist sekundär. Einmal umgesetze Ideen werden über Jahrzehnte immer weiterkopiert, bis die Vorlage unleserlich geworden ist, und es verwundert nicht, dass dadurch die Kluft zwischen Schule und wirklichem Leben immer größer wird.

Glücklicherweise gibt es immer mehr Ausnahmen. Lehrer, die ihren Beruf tatsächlich als Berufung verstehen und nicht von ihren eigenen Frustrationen überrollt werden. Unterstützung können die Lehrer dafür jedoch selten erwarten, die meisten Fortbildungen müssen selbst organisiert und bezahlt werden!

Eine der Schubladen, die das Modell ADHS aufmacht, ist das so genannte „Träumerchen". So wie im oben genannten Beispiel vom Zappelphilipp aus dem „Struwelpeter", so sucht die ADHS-Gemeinde oft den literarischen Vergleich mit seinem Verwandten aus dem gleichen Buch, dem Hans-guck-in-die-Luft. Oder dem Rotkäppchen aus den „Grimms Märchen", welches sich auf seinem Weg zur kranken Großmutter vom „bösen Wolf" ablenken ließ.

Und wo wir gerade bei Märchen sind, passt das nachfolgende Zitat aus Thomas Armstrongs Buch „Das Märchen vom ADHS-Kind" ausgezeichnet: „... viele (andere) sterben allmählich einen geistigen Tod, wenn sie merken, dass ihre Stimme ignoriert oder vergessen wird. Äußerlich entsteht dann der Eindruck, dass das Kind »die Motivation verloren« oder »sich zurückgezogen« hat oder depressiv ist. (Manche dieser Kinder werden tatsächlich als »ADHS-Fälle ohne Hyperaktivität« bezeichnet!) Doch in Wahrheit ist einfach ihre innere Flamme, ihre Leidenschaft erloschen."

Cordula Neuhaus, die sich in ihrem Buch *Das hyperaktive Kind und seine Probleme* deutlich für eine medikamentöse Behandlung von ADHS-Kindern ausspricht, schreibt über „Das Kind mit ADHS ohne Hyperaktivität: Nach Auseinandersetzungen schreibt dieses Kind nicht selten kleine Zettel oder Briefchen an einen Elternteil mit ernsthaften Liebesbezeugungen und dem Versprechen, sich ab sofort ganz viel anstrengen zu wollen. Manche Eltern haben davon eine ganze Sammlung."

Ich denke, das belegt eindeutig die Theorie von der erloschenen Leidenschaft. Mehr noch, diese Kinder resignieren vor den negativen Reaktionen ihrer Außenwelt. Wir müssen unsere Kinder vor diesem Schubladendenken bewahren! Wenn Sie glauben, dass Ihr Kind ein Träumerchen ist, dann helfen Sie ihm da raus! Jede Situation kann geändert werden. Es liegt an Ihnen und Ihrer Reaktion auf die Handlungen Ihres Kindes. Im übernächsten Kapitel werden wir Gelegenheit finden, uns ganz ruhig und entspannt damit auseinander zu setzen.

Wie könnte man sich das Verhalten des Träumerchens noch erklären? In meinem Bekanntenkreis erfreue ich mich an einer Reihe von Freunden aus Brasilien. Menschen dieses Landes gelten als temperamentvoll. Sie feiern gerne, tanzen zur Samba und freuen sich am Leben. Sie können mit einem Brasilianer jederzeit einen Termin vereinbaren, aber erwarten Sie nicht, dass er pünktlich kommt ... So ist das zumindest in meiner Wahrnehmung, denn wir Deutschen haben eine andere Vorstellung von pünktlich. Wenn wir jemanden um 14 Uhr einladen, dann bedeutet das für uns nicht 13:55 Uhr oder 14:05 Uhr, wir erwarten, dass unsere Gäste um exakt 14 Uhr da sind. Um den Stereotyp weiter anzuheizen: Wenn es, weil es wichtig ist, darauf ankommt, dass ein Brasilianer um 14 Uhr da ist, dann sagen Sie ihm, der Termin wäre bereits um 13.15 Uhr, und hoffen dann auf Ihr Glück. Ich sage Ihnen: ALLE Brasilianer sind gleich, ALLE Brasilianer kommen IMMER zu spät. (Und bitte, denken Sie jetzt nicht an die Regeln des Metamodells, die ich im Abschnitt 1.4 beschrieben habe. Sie gelten hier natürlich auch!)

Würde ich mir nun das scheinbar trödelnde Verhalten meiner guten brasilianischen Freunde erklären wollen, so könnte ich zwei Aussagen über den selben Sachverhalt treffen. Eine negative und eine positive Aussage. Erstens: „Es sind Träumer oder

Trödler." Zweitens: „Wir haben unterschiedliche Zeitwahrnehmungen." Warum versuchen wir nur, uns immer auf die negative Erklärung zu beschränken?

Wenn es Leute gibt, die Ihnen Ihre Liebe zu Ihrem Kind rauben wollen oder die Beziehung zu Ihrem geliebten Kind vergiften, indem diese Menschen behaupten, Ihr Kind sei ein Träumerchen oder eine Träne, dann machen Sie diesen Energiefressern doch mal den Gedanken vertraut, dass sie aus der Sicht Ihres Kindes notorische Hektiker sind. Nehmen Sie Ihr Kind vor solchen undifferenzierten Anschuldigungen in Schutz. Das macht ansonsten das unerwünschte Verhalten nur noch schlimmer. Solche Äußerungen von, wie ich sie hier nenne, „Energiefressern" haben eine sehr subtile und zuverlässige Wirkung. Sie programmieren Ihr Kind systematisch, demotivieren und enttäuschen es. Das Ergebnis ist fatal. Steuern Sie dagegen und ermutigen Sie Ihr Kind, die Flinte nicht gleich ins Korn zu werfen, wenn es auf Schwierigkeiten oder Widerstände trifft. Bauen Sie Ihre Kinder auf, machen Sie sie zu starken Persönlichkeiten, indem Sie sie so oft wie möglich loben. Nehmen Sie sich Zeit dafür und nehmen Sie sich das vor, auch wenn Sie sich manchmal fragen: „Wer lobt denn mich?" Machen Sie sich bewusst: Sie sind der Stärkere. Sie können Unwegsamkeiten in Ihrem Leben leichter wegstecken als Ihr Kind, und gerade deshalb gilt: *Lob macht Mut, loben macht stark.* Loben Sie unmittelbar und lernen Sie, sich über das gesendete Lob zu freuen. Schnell wird Ihr Kind nach dieser positiven Verstärkung ausschauen.

Wenn Sie erkennen, dass Ihr „Träumerchen" in einer anderen Zeitwahrnehmung lebt als Sie, dann hat es sich für Sie bereits gelohnt, bis hierher zu lesen.

2.3 Die Grauzone

„Tim verliert ständig Sachen. In der Schule lässt er seine Jacke liegen, obwohl er sie heute Morgen erst auf den Haken gehängt hat. Seine Schulsachen sind unvollständig. Mal ist der Spitzer plötzlich weg, dann vergisst er sein Lesebuch mit nach Hause zu nehmen. Ständig bin ich damit beschäftigt, neue Sachen zu kaufen ..."

So klingt das Klagelied vieler Mütter. Und soll ich Ihnen etwas sagen: Unsere Kinder vergessen auch mal etwas in der Schule. Und ich habe auch schon was in der Schule vergessen und erlaube mir heute, noch etwas zu vergessen. Auch wenn es mich im ersten Moment ärgert. Dann muss ich eben noch einmal zurückgehen und mir überlegen, was mir das sagen soll! Oft komme ich zu dem Schluss, dass ich zu viel arbeite. Deshalb ruft mich mein Schicksal noch mal zurück, und ich stelle mir vor, hinter allem steht die klare Botschaft: Gemach, gemach, lass dir mal wieder ein bisschen Zeit.

Wir sind keine Maschinen, wir sind Menschen, und das ist gut so. Wären wir Maschinen, dann wären wir wegen unserer hohen Fehlerquote längst ausgemustert und ersetzt durch eine noch perfektere, optimaler eingestellte und modernere Maschine. Jeder von uns wird sich bei objektiver Betrachtung eingestehen müssen, dass keiner frei von Fehlern ist. Wir sollten uns lieber darauf konzentrieren, was wir aus Fehlern lernen können, statt ständig darauf bedacht zu sein, keine Fehler zu machen. Der von mir sehr geschätzte Medienvisionär Michael Wölfle ermahnte uns in jeder Mitarbeiterversammlung: „Jeder darf bei mir Fehler machen. Fehler sind ein Verweis auf die Qualität eurer Arbeit. Wer keine Fehler macht, der arbeitet nicht." Recht hat er! Wer sich immer nur mit Fehlervermeidung befasst, der kann keine Visionen entwickeln.

Ich möchte nur zu Ihrer Beruhigung beitragen. Nicht alles, was manche für ADHS halten, ist gleich ein ernsthaftes Problem. Die Leute lesen viel in der Presse und ordnen nur noch nach „normal" und „nicht normal".

Nehmen wir einmal an, Sie würden eine der vielen ADHS-Tabellen, die im Internet herumschwirren oder von Organisationen und Selbsthilfegruppen herausgegeben werden, an Ihre Freunde und Verwandte verteilen und sich selbst bewerten lassen. Wie würden Ihre Kinder Sie beurteilen? Haben Ihre Kinder einen aufmerksamen Vater, eine aufmerksame Mutter oder Oma oder Tante?

Männer, ich frage euch: Wie würden eure Frauen euch beurteilen, wenn es um Aufmerksamkeit beim Frühstück geht? Viele Männer wissen doch nicht einmal, woher das Frühstück eigentlich kommt, das sie zu Hause morgens auf dem Tisch vorfinden. Einige können am Morgen über den Rand der Zeitung nicht mal wahrnehmen, was um sie herum passiert. Wie oft hören Sie dabei: „Ich habe dich was gefragt." Oder beim Fußball vor dem Fernseher, wie weit sind viele Männer da „weg"? Fragen Sie Ihre Frau, was sie darüber denkt.

Passen Sie als Mann deshalb schlecht in Ihre Familie? Macht Ihnen jemand deshalb Vorwürfe? Könnte es nicht gut sein, dass es Familien gibt, die Wege gefunden haben, trotz aller Alltagsschwierigkeiten, gut miteinander umzugehen und zurechtzukommen?

James Cameron, ein amerikanischer Psychologe, drückt es etwas komplexer aus: „Verhaltensprobleme gleichen metaphorisch dem Ursprung von Erdbeben, wobei das Temperament der Kinder den Verwerfungen und Vorgängen in der Umwelt, insbesondere das Wesen der Kommunikation mit den Eltern, dem entstehenden Druck entsprechen." Je mehr also Kinder unserer Erwartungshaltung als Erwachsener entsprechen, desto weniger Probleme entstehen, und umgekehrt häufen sich Probleme, wenn Kinder sich entgegen unserer Erwartungshaltung verhalten. Je nachdem, von welcher Qualität die Passung zwischen Eltern und Kindern ist, finden Kinder und Erwachsene zusammen oder haben Konflikte.

Die einfachste Lösung ist dabei, die Kinder ruhig zu stellen. Sie können sich nämlich nicht wehren. Vielleicht wäre es jedoch manchmal auch angezeigt, den Erwachsenen aufzuzeigen, wie sich alles entspannt, wenn man hohe Erwartungshaltungen einfach herunterschraubt. Von unseren Kindern erwarten wir heute viel mehr, als uns selbst bewusst ist. Das immense Reizangebot explodiert regelrecht, und wir erwarten von unseren Kindern, dass sie sich darin zurechtfinden. Das Schulsystem wird erwarten, dass alle noch mehr pauken, sich anstrengen und einen „Zahn zulegen“. Das erinnert mich an einen früheren Lehrer – er sagte immer: „Ihr müsst schreiben, dass es kracht, setzt euch auf euren Hosenboden und ochst, dann werden die Besten weiterkommen.“ Völliger Irrsinn! Erst später habe ich (auf dem zweiten Bildungsweg) erkannt, dass es einfachere Methoden gibt, leicht und entspannt zu lernen und dabei supererfolgreich zu sein. Ich initiierte einen Superlearning Workshop in unserer Klasse, und wir verblüfften unsere Englischlehrerin jeden Montag, wenn sie die Vokabeln abfragte, weil wir durch effizientes und entspanntes Lernen viel mehr erreicht haben als mit „Ochsen und auf dem Hosenboden-Sitzen und Schreiben, bis die Gehirnwindungen krachen“.

Wiederholungen und Übungen werden im heutigen Schulalltag dem Fortschritt im Lehrplan untergeordnet und nicht den Verarbeitungsmöglichkeiten der jeweiligen Klasse. Unsere Kinder müssen immer schneller lernen und im gleichen Maße nehmen Orientierungen und Markierungen ab.

Am schlimmsten ist jedoch, dass niemand unseren Kindern beibringt, wie sie etwas lernen sollen. Wie man sich Texte erarbeitet, wie man auswendig lernt, wie man eine positive Lernatmosphäre schafft, wann die beste Zeit ist, um zu lernen, und wo man sich Rat holen soll, wenn es Schwierigkeiten gibt. Es wird nur erkannt: „Der hat Lernschwierigkeiten und kommt nicht zurecht. Der passt nicht ins System, der muss raus.“ Das ist die traurige Zustandsbeschreibung vieler Schulen.

Aber halt! Es gibt die Möglichkeit, das System anzugreifen. Noch können wir etwas unternehmen. Sie selbst können Ihren Kindern helfen, durch dieses Verwirrspiel hindurchzukommen, indem Sie sich nicht einer allgemein gültigen Meinung unterwerfen, und indem Sie sich weigern, Ihrem Kind ein Etikett aufkleben zu lassen. Forschen Sie selbst, welche Möglichkeiten es neben der Einnahme von Medikamenten gibt.

Machen Sie sich liebevoll auf den Weg und packen Sie das „Problem“ bei der Wurzel. Nehmen Sie sich Zeit für die Anforderungen, die Ihre Kinder haben. Viele werden jetzt sagen: „Tu ich ja, aber es bringt nichts.“ Ich weiß, wir sind an einem Punkt angekommen, an dem die Nerven blank liegen. Ich lade Sie ein, weiterzulesen. Spätestens wenn Sie auf der letzten Seite angekommen sind, werden Sie für sich mit gutem Gefühl feststellen, dass es sich gelohnt hat, dabeizubleiben. Die wichtigste Information für Sie ist im Moment, dass Sie sich nicht unterkriegen lassen von wohlmeinenden Ratschlägen wohlmeinender Bekannter, Verwandter und Lehrer. Diese Leute wollen nur Ruhe haben, ist doch klar! Wenn sich jemand anders verhält als der Rest der Klasse, ist das unbequem. Da müsste sich die Lehrkraft ja intensiver mit dem Schüler befassen. Wer hat denn Lust auf „unbequem“? Handeln Sie selbst, akzeptieren Sie, dass es für Sie und Ihre Kinder Chancen gibt. Wenn Sie dranbleiben, können Sie vielleicht nicht alles, aber vieles in den Griff bekommen. Wichtig ist, dass Sie sich freimachen von den Meinungen anderer und Ihr eigenes Urteil fällen. Und, dass Sie die dramatischen Auswirkungen von Realitätstunneln erkennen, die wir uns im nächsten Abschnitt gemeinsam ansehen.

2.4 Wege aus dem Realitätstunnel. So funktioniert selektive Wahrnehmung.

Woher leiten wir eigentlich ab, dass das, was wir als „Realität" bezeichnen, auch die „Realität" ist? Gesetzt den Fall Sie stehen in einem imaginären Zimmer mit einer großen Fensterfront. Sie unterhalten sich mit mir. Ich stehe vor Ihnen und sehe nur Sie und die Wand hinter Ihnen. Sie stehen vor mir und sehen neben mir auch durch das Fenster ein wunderbares Bergpanorama. Die Sonne scheint.

Wenn wir nun während des gesamten Gespräches von rund einer Stunde dieselbe Position eingenommen haben, wie wahrscheinlich ist es, dass wir einem Außenstehenden diesen Raum unterschiedlich beschreiben würden. Wenn es in dieser Stunde zu schneien begonnen hätte, hätten Sie es bemerkt, da Sie ja das Fenster und alle Vorgänge draußen gleichzeitig beobachten konnten. Ich hätte stattdessen nur Sie und eine Wand hinter Ihnen beschrieben, das heißt, ich hätte nach unserem Gespräch einen ganz anderen Eindruck als Sie.

Unsere „Ansichten" haben sich unterschieden. Vielleicht führten sie auch zu unterschiedlichen Sichtweisen in unserem Gespräch. Manche würden über uns sagen: „Die beiden haben sich eine Stunde lang unterhalten" und hätten dabei wieder eine andere Ansicht, nämlich die von außen. Wenn nun die Ansichten über ein bestimmtes Gespräch bereits nach einer Stunde so auseinander gehen, wie weit liegen unsere Erfahrungen mit Gesprächen im Allgemeinen auseinander? Zum Beispiel Gespräche, die wir beide in unserem bisherigen Leben schon mit Vorgesetzten geführt haben, oder mit Lehrern. Und je weiter wir den Begriff Gespräch fassen, desto unterschiedlicher werden unsere abgespeicherten Erfahrungen darüber.

Jeder Mensch macht seine eigenen Erfahrungen. Ich möchte an dieser Stelle noch einmal an das Metamodell erinnern: unbestimmte Substantive (Freiheit, Mut, Liebe, Freude ...). Jeder verknüpft andere Erinnerungen damit. Keine Erfahrung ist gleich. Vielleicht haben Sie einen Bruder oder eine Schwester. Vielleicht können Sie sich an ein gemeinsames Ereignis der Freude in Ihrer Vergangenheit erinnern. Sie werden schnell feststellen, dass Sie dieses damals anders erlebt haben als Ihre Schwester oder Ihr Bruder. Wirklich kein Ereignis ist von einem anderen genauso erlebt worden wie von Ihnen.

So kommt es auch, dass jeder von uns, objektiv betrachtet, in einer anderen Wirklichkeit lebt. Das bedeutet, dass jeder Mensch uns mit seiner eigenen Wirklichkeit begegnet und mit dem, was er über sie denkt. Eine Fülle von Realitäten, von unterschiedlichen Gedanken über diese Realitäten umgeben uns jederzeit. Deshalb werden wir den Grad optimaler Objektivität niemals erreichen.

Robert Anton Wilson setzt sich in seinem Buch *Der neue Prometheus* mit den Lehren von Dr. Leonard Orr auseinander, welcher behauptet, dass sich das menschliche Gehirn so verhält, als wäre es in zwei Hälften geteilt, den Denker und den Beweisführer. Wilson zitiert Orrs Gesetz: „Was immer der Denker denkt, wird der Beweisführer beweisen." Sie können zum Beispiel glauben, dass Freitag der Dreizehnte ein Unglückstag ist. Genauso gut könnten Sie diesen Tag zu Ihrem ganz persönlichen Glückstag erklären. Einem Freund von mir ging es glücklicherweise bereits in der Schule so, dass er ein solches Glaubenssystem von einem Tag auf den anderen über Bord werfen durfte. Er glaubte fest daran, dass Freitag der Dreizehnte sein Pechtag sei. Bis er an einem solchen Tag einmal eine korrigierte Schulaufgabe zurückbekam, von der er glaubte, sie müsste aufgrund des Rückgabetermins (Freitag, der 13.) mit schlechter Zensur bewertet worden sein. Es war eine glatte Eins! Ab diesem Tag musste er seine Glaubenssysteme ändern. Er behauptet optimistisch, dass seit dieser Zeit Freitag der Dreizehnte sein ganz persönlicher Glückstag sei und er erhält mindestens einmal im Jahr einen weiteren Beweis dafür. Realitätstunnel entstehen aus der Kombination daraus, welche Erfahrungen wir bisher gemacht haben, und aus dem, was wir uns selbst beweisen wollen.

Paul Watzlawick, der Begründer profunder Kommunikationstheorien, beschreibt in seinem 1983 erschienenen Buch *Anleitung zum Unglücklichsein* die selbsterfüllende Prophezeiung: „Die Prophezeiung des Ereignisses führt zum Ereignis der Prophezeiung. Voraussetzung ist nur, dass man sich selbst etwas prophezeit oder prophezeien lässt und dass man es für eine unabhängig von einem selbst bestehende oder unmittelbar bevorstehende Tatsache hält. Auf diese Weise kommt man genau dort an, wo man nicht ankommen wollte."

Unser Blickwinkel schränkt sich mit jedem einmal gefällten Urteil weiter ein. Allein durch die Beschäftigung mit einer Tabelle von unerwünschten Verhaltensweisen fängt unser Bewusstsein an, danach zu sortieren. Ein klitzekleines Indiz (hat schon zweimal sein Buch im Klassenzimmer vergessen) führt zum Vorwurf (du bist immer so unkonzentriert, jetzt hast du schon wieder dein Buch vergessen), so lange, bis unser Bild vollständig ist. Wir geraten damit immer weiter in einen Realitätstunnel hinein, aus dem wir nicht leicht wieder herausfinden.

Nehmen wir einmal an, Aufmerksamkeitsdefizit wäre so ein Realitätstunnel und jemand hätte ein unbestimmtes Interesse daran, dieses Phänomen nachzuweisen. Was würden Sie über die Problematik Aufmerksamkeitsdefizit denken, wenn Sie wüssten, dass so genannte ADHS-Kinder in bestimmten Situationen keinerlei Symptome dieser Störung zeigen. Beispielsweise verhalten sich viele von ihnen völlig unauffällig, wenn sie einem Arzt gegenübersitzen. Gerade in ihnen unvertrauten Situationen sind sie total normal. Je interessanter die Aktivitäten sind oder je neuer der Reiz, desto „normaler" verhalten sich die Kinder. Mit dem Erwachsenwerden verschwinden bei jedem Zweiten die Symptome völlig.

Na? Wie denken Sie über den Tunnel? Hat er bereits an Tiefe verloren? Aber sogar darauf ist der ADHS-Gläubige vorbereitet: Der Tenor vieler Bücher über das Syndrom:

„In der Diagnose muss man wissen, dass das ADHS-Kind in der direkten Arbeitssituation mit dem Arzt zusammen zunächst vollkommen unauffällig erscheinen kann. Es verhält sich höflich und kooperativ. Keinesfalls sollten sie diesen Eindruck fehlinterpretieren. Es ist nicht so, dass das Problem dann nicht besteht, sondern es ist vielmehr ein typisches Phänomen bei einem ADHS-Kind." Mich erinnert das an einen Film, den ich kürzlich gesehen habe über einen Mann, der von seiner Vermieterin, einer Ärztin, in eine Anstalt eingewiesen wurde, weil sie die Wohnung neu renovieren und teurer vermieten wollte. Der Mann beteuerte ständig, dass er normal sei, und das Anstaltspersonal deutete dies als typisches Syndrom. In den ersten Anstaltstagen behauptet jeder, dass er hier nicht reingehört. Da er keinen Ausweg mehr sah, wollte der Patient flüchten und wurde handgreiflich. Dies war nun letztlich der Beweis für seine Auffälligkeit. Sofort wurde er mit Psychopharmaka ruhig gestellt. Keine Sorge, der Film hatte ein Happy End. Ob Sie auf ein Happy End zusteuern, haben Sie zwar nicht immer in Ihrem Leben, zumindest aber in dieser Problematik selbst in der Hand. Sie müssen nur Beweise für die Nichtexistenz eines solchen Phänomens suchen und Sie werden sie finden. Fangen Sie an, sich aus dem Realitätstunnel zurückzuziehen.

Kein Wunder, dass die Lehrer, die sich also nie aus dem Realitätstunnel „sei gut in der Schule, damit aus dir später mal was wird" herausbewegt haben, letztlich in Abschlüssen denkende Menschen geworden sind. Viele Menschen überspielen ihre eigene Unsicherheit mit überzogener Autorität und schaffen Angst statt Liebe und Starrheit statt Beweglichkeit. Eines ist also klar, besonders schnell denkende und teilweise hochintelligente, begabte Kinder treffen auf langweilige und zu langsame Erwachsene, die sie nicht mehr verstehen. Da sich Erwachsene immer durchsetzen können, weil sie die Stärkeren, und Lehrer, durch Verhaltensnoten, und Eltern, durch Liebesentzug, auch die Mächtigeren sind, fangen die einen Kinder ganz langsam an, resistent gegen Autorität zu werden. Sie spielen das Spiel „ich bin der Stärkere" nicht mehr mit. Die anderen resignieren einfach nur und werden gleichgültig. Stoppen Sie diesen Prozess!

Wie können Sie den Realitätstunneln entgegensteuern? Machen Sie sich immer bewusst, dass es jederzeit mehrere Sichtweisen der Realität gibt. Werden Sie sich darüber klar, welche Eigendynamik negative Selektion entwickelt. Selektive Wahrnehmung führt zu negativen Gefühlen. Mit diesem Gefühl finden wir immer neue Indizien, und es geht uns schlechter und schlechter. Die Abwärtsspirale dreht sich weiter und weiter.

Wo wir gerade bei Gefühlen und Abwärtsspirale sind: Ist Ihnen schon einmal aufgefallen, dass Gefühle eine Drehrichtung haben? Beobachten Sie mal: Wenn Sie sich das nächste Mal schlecht fühlen, dann suchen Sie die Drehrichtung Ihrer Gefühle. Drehen sich schlechte Gefühle linksherum oder rechtsherum? Dazu müssen Sie sich nur vorstellen, dass Ihre Gefühle vor Ihnen liegen. Sehen Sie sich Ihre Gefühle in Ihrer Vorstellung genau an. In welche Richtung dreht es sich? Wenn Sie die Drehrichtung erfasst haben, dann verlangsamen Sie die Drehung, so lange, bis es stoppt. Danach drehen Sie das Gefühl in die andere Richtung, dabei spüren Sie zunächst langsam, wie Sie sich dabei immer besser und besser fühlen, und drehen Sie dann immer schneller und schneller. Was, das erheitert Sie? Dann ist es ja gut! Probieren Sie das unbedingt aus, wenn Sie sich mal wieder in einem Realitätstunnel der schlechten Gefühle verlaufen haben. Mit dieser Methode finden Sie schnell heraus.

Nutzen Sie die Gesetze der sich selbsterfüllenden Prophezeiung einfach andersherum, nämlich im positiven Sinne, und beweisen Sie sich, dass es viele Begabungen und Fähigkeiten bei Ihrem Kind gibt, die Sie täglich aufs Neue entdecken werden. Sie können sicher sein, dass Sie alleine durch Ihre veränderte Denkrichtung den Prozess positiv beeinflussen werden.

2.5 Ihr Kind wird es schaffen, und Sie!

Es gibt zahlreiche Berichte von Sportlern, die im Geiste Ihre Wettkämpfe absolvieren, um lange, bevor der Wettkampf wirklich stattfindet, ihre Spielstrategie zu optimieren. Von Boris Becker erzählt man sich, dass er jedes Spiel immer erst im Kopf, auf seinem internen Bildschirm gewonnen hat, und dann erst auf den Platz gegangen ist.

Arnold Schwarzenegger beispielsweise ist fest davon überzeugt, das Bodybuilding im Kopf anfängt. Er predigt allen Fitnessbegeisterten, sie sollten sich erst vorstellen, wie sie nach dem Training aussehen werden, wie der Muskel beschaffen sein soll, um danach mit den Gewichten zu trainieren.

Beim Golf lernt man genau das Gleiche. Der Ball soll erst im Kopf abgeschlagen werden, dann in der „Wirklichkeit". Diese Art geistige Vorübung hat tatsächlich einen Nutzen. Spielzüge können nochmals überdacht und verändert werden. In unzähligen Verkaufsseminaren habe ich meinen Teilnehmern genau das Gleiche geraten: Bevor ihr zum Kunden geht, geht in euch und stellt euch den Kunden vor, stellt euch den Raum vor, in dem ihr euch trefft, stellt euch die Einwände des Kunden vor und wie ihr souverän darauf reagiert und wie der Kunde bei euch den Vertrag unterzeichnet.

Aber genau dieser Film im Kopf, der mit leuchtenden und hellen Farben ausgestattet wird und präzise ablaufen soll, genau dieser Film gibt Ihnen die Sicherheit, im richtigen Moment auf die richtige Art und Weise zu reagieren.

Tief in Ihrem Inneren muss das Feuer lodern, das Feuer der Begeisterung für Ihr Kind. Dann sind Sie auch gewappnet im Kampf gegen die Programmierungen vieler wohlmeinender Bekannter, die Ihnen sagen: „Der Rotzlöffel braucht einfach mal eine Ohrfeige ..." Wehren Sie sich! Sagen Sie Nein. Durchschauen Sie diese hartnäckigen Manipulationen und stehen Sie zu Ihrem Kind und den Herausforderungen, die sich Ihnen stellen. Nur wenn Sie in sich selbst mit einem guten Gefühl sagen können: „Euch werden wir es noch zeigen! Ihr werdet schon noch sehen, zu welchen Leistungen mein Kind und ich noch fähig sind", werden Sie diese Anfeindungen auch gelassen übergehen können.

Und wenn jemand kommt und sagt: „Sie haben ein hyperaktives Kind", dann antworten Sie: „Ja, mein Kind ist eine Herausforderung für uns und gemeinsam werden wir diese meistern!" Und wenn Sie irgendwo lesen, dass so genannte ADHS-Kinder es später nicht leicht haben werden, einen angemessenen Beruf zu finden, sagen Sie zu sich selbst: „Bis dahin haben wir noch eine Menge Zeit und wir werden es schaffen." Zögern Sie nicht, auch Ihre Kinder damit einzubeziehen. Machen Sie ihnen jeden Tag Mut. Mit der Technik des Geschichtenerzählens, die Sie mit Hilfe dieses Buches systematisch erlernen, wird es Ihnen leicht fallen, das Selbstbewusstsein Ihres Kindes aufzubauen. Schüren Sie den Entdeckerdrang Ihres Kindes und führen Sie ihm vor Augen, wie schön es ist, das Leben jeden Tag neu zu entdecken.

Aus der Geschichte kennen wir alle eine ganze Reihe verkannter Kinder: Albert Einstein, Nikola Tesla (der Erfinder des Gleichstroms) oder Wolfgang Amadeus Mozart oder Thomas Edison. Jeder von ihnen verhielt sich in der Kinderzeit „unangemessen" für die Umwelt. Ich will Ihnen ein Beispiel geben: Sooft es geht, nehme ich mir einmal am Tag die Zeit und gehe eine halbe Stunde joggen. Wenn es nicht regnet und meine Kinder möchten, schwingen sie sich auf ihre Räder und fahren mir hinterher. Dies ist am Abend eine wunderbare Einleitung für ein späteres Einschlafritual: Im letzten Spätsommer, als die ersten Zugvögel anfingen, sich am Abend auf den Feldern zu sammeln, um dann gemeinsam zu Hunderten in einer vielfach bewegten kollektiven Choreographie durch den weiten Abendhimmel zu fliegen, fragte mich Philipp: „Warum sitzen die beiden anderen Vögel auf dem Feld und fliegen nicht mit?" Ich antwortete: „Damit du sie einzeln wahrnimmst. Schau mal, von den hundert Vögeln lässt sich kein Einzelner mehr ausmachen. Die beiden anderen auf dem Feld sind zwei Freunde wie du und Benni, bestimmt wollen sie uns grüßen."

Genau so ist es doch im richtigen Leben. Wie oft lesen wir die Biographien von interessanten oder erfolgreichen Menschen. Egal ob aus Kunst, Kultur oder aus dem Wirtschaftsleben. Erfolgreich sind immer die, die nicht das machen, was alle tun, sondern die gegen den Strom angehen und antizyklisch handeln. Ich behaupte: Es sind mehr so genannte Hypies unter den Politikern oder Selbständigen oder Komponisten oder Kreativen, als wir uns vorstellen können. Um erfolgreich zu sein, müssen sie raus aus der Masse, raus aus dem Komfortbereich – immer ausgestattet mit einem positiven internen Dialog, der in ihnen ruft: „Du schaffst es!"

So genannte Hyperaktivität kann man wunderbar im Außendienst ausleben. Oder als Förster, als Werbeberater, Designer, als Herstellungsleiter in der Druckvorstufe, als Polizist, Feuerwehrmann, als Rettungssanitäter. Für Sportler ist sie genauso förderlich wie für Raumaustatter, Trainer, Gärtner, Politiker, Aktiver in einer Hilfsorganisation, als Reiseführer, als Journalist, Produzent, Autor, Künstler, Unternehmer, Freelancer, Aufnahmeleiter beim Fernsehen, Moderator einer Talkshow, als Schauspieler ... die

Liste der Möglichkeiten ist grenzenlos. Stellen Sie sich mal einen Showmaster oder einen Popstar vor, der mit irgendwelchen Mitteln ruhig gestellt wird.

Und sagen Sie jetzt ja nicht, dass die aufgezählten Berufe für Ihr Kind nicht geeignet wären. Das sollten Sie Ihrem Kind überlassen! Ich kenne viele Menschen, die nicht in ihren Traumberufen arbeiten, weil ihre Eltern dachten, das wäre nichts für sie. Nehmen Sie diesen Kampf erst gar nicht auf. Langfristig werden sich die Anlagen Ihrer Kinder ohnehin durchsetzen, ob Sie wollen oder nicht. Ich habe kürzlich von einem Mann gehört, der mit 60 Jahren noch eine Heilpraktikerausbildung erfolgreich absolviert hat, obwohl er sich als wohlhabender Notar gerade erst zur Ruhe gesetzt hatte. Sein Vater erlaubte ihm vor vierzig Jahren nicht, Medizin zu studieren, weil das kein einträglicher Beruf sei und für den Vater ein Jurastudium krisensicherer schien. Der Mann konnte sich zwar spät, aber doch noch einen Lebenstraum erfüllen. Lassen Sie Ihre Kinder keine Umwege gehen, sondern ermutigen Sie sie auf Ihrem Weg und seien Sie froh, dass sie bereit sind, arbeiten gehen zu wollen. Für immer mehr Mitglieder unserer Gesellschaft scheint das nicht selbstverständlich zu sein.

Machen Sie sich jederzeit bewusst, dass es entscheidend für Ihre Zukunft ist, wie Sie darüber denken. Verändern Sie Ihre Gedanken und Sie werden neue Beweise für Ihre neue Denkrichtung erfahren.

3. Welche einmalige Rolle Sie als Eltern annehmen dürfen

3.1 Ihr Kind ist einmalig, nehmen Sie die Herausforderung an

Wer ist stärker: Herr Griesgram, der am Morgen aufwacht, sich zur Einstimmung auf den Tag bereits im Bad an alle seine Probleme erinnert, dass es viel zu früh zum Aufstehen ist, dass er keine Lust hat, in dem langweiligen Bus zu sitzen, und keine Lust auf den langweiligen Job. Der sich am Morgen schon über seine Kinder ärgert, weil sie auch nicht aus dem Bett finden ...

Oder lieber wie Herr Fröhlich, der am Morgen zu sich selbst sagt: Das ist ein toller Morgen. Wieder wartet eine Fülle von Möglichkeiten auf mich, aus denen ich schöpfen kann. Heute werde ich einmal nicht den Bus nehmen, sondern mit dem Fahrrad zur Arbeit fahren. So kommt mehr Sauerstoff in meinen Kopf und ich fühle mich danach viel besser. Und dann werde ich alles umkrempeln. Es ist höchste Zeit, dass ich mehr Effizienz in meine Arbeitsweise bringe, damit wird mir meine Arbeit noch mehr Spaß machen. Heute Morgen kann ich meinen Kindern mal wieder aus dem Bett helfen. Am besten, ich stecke sie mit meiner guten Laune an, dann werden Sie schon wach werden. Ein herrlicher Tag kann beginnen.

Sie glauben, ich möchte mich über Sie lustig machen? Volltreffer! Glauben Sie jedoch nicht, dass ich mich nicht selbst manchmal aus den Fängen des Herrn Griesgram befreien muss. Immer häufiger gelingt es mir jedoch, Herrn Fröhlich in mir zuzuhören, der mir ständig zuflüstert, wie schön der heutige Tag ist.

Spielt dieser interne Dialog eine Rolle? Er spielt eine erhebliche Rolle! Bedenken Sie: Sie können über denselben Zustand einmal positiv denken und ein andermal negativ: Einmal leben Sie mit dem besten Partner der Welt zusammen, Sie haben großartige Kinder, Sie freuen sich an Ihrer Arbeit und an Ihrem Leben, die Menschen, die Ihnen begegnen, empfinden Sie als fröhlich und gehen wie eine Sonne durch Ihren Tag ... Wenige Minuten später erreicht Sie eine schlechte Nachricht oder jemand erinnert Sie an ein unangenehmes Erlebnis und Sie können sich sofort schlecht fühlen, finden Ihre Beziehung von einem Moment auf den anderen anstrengend. Sie bezeichnen Ihre Kinder als Nervensägen, möchten lieber heute als morgen den Arbeitsplatz wechseln, und die Menschen, die in Ihr Leben treten, regen Sie heute nur auf. Als Miesepeter grummeln Sie durch den Tag.

Es spielt also eine große Rolle, *was* Sie gerade über sich selbst denken, und *wie* Sie über Ihre Aufgabe denken. Gute Stimmungen und schlechte Stimmungen können wechseln, und ich sage Ihnen, wie Sie diese bewusst für sich einsetzen können. Machen Sie sich im ersten Schritt bewusst, dass Sie gerade schlechte Gefühle haben, weil Sie schlecht über die Situation denken und weil Ihr interner Dialog negativ ist. Der zweite Schritt ist ein Schritt zurück, ja, treten Sie buchstäblich einen Schritt zurück und sehen Sie sich, wie oben beschrieben, die Drehrichtung Ihrer Gefühle an. Lassen Sie diese wieder langsamer werden bis zum Stopp! Dann lassen Sie die Gefühle in die entgegengesetzte Richtung drehen und beschleunigen Sie diesen Vorgang. Und während Sie Ihren guten Gefühlen zusehen, lächeln Sie über sich selbst, nehmen einen tiefen Atemzug und spüren Sie, wie gute Gefühle leicht zu machen sind, nur weil Ihr negativer interner Dialog gestoppt ist und in die positive Richtung geführt wird. Das können Sie jetzt selbst bei sich bewusst einsetzen.

Wenn Sie vermuten, dass Sie hyperaktive Kinder haben, dann glauben Sie vermutlich auch, dass Sie stärker gefordert sind als andere Eltern. Wenn Sie hier Ihren internen Herrn Fröhlich bewusst zum Einsatz bringen, haben Sie schon gewonnen! Er wird Ihnen sagen: „Das ist eine einmalige Gelegenheit, dich stärker in die Erziehung einzubringen. Dein Kind braucht dich. Es braucht deine Hilfe. Du darfst ein leuchtendes Beispiel sein. Ein Leuchtturm, damit dein quirliges Kind den Weg findet. Die Leitplanke auf einer möglichst mehrspurigen breiten Autobahn, auf deren Bahnen sich dein Kind völlig frei bewegen und darauf zu einem guten Menschen entwickeln kann, denn es ist einmalig. Du bist gefordert, das ist großartig. Du bist stärker gefragt als andere Eltern – na und? Das ist doch toll!"

Wie schnell werden die Kinder groß. Nutzen Sie diese Zeit, um mit Ihren Kindern zusammen zu sein. Denken Sie dabei an den Sohn des Nachrichtenchefs: Verbringen Sie qualitative Zeit mit Ihren Kindern. Als Berater für TV-Werbung habe ich die Strategien der großen Spielwarenkonzerne hautnah erfahren können. Alle Spielwarenhersteller beklagen sich über die zunehmende Abwendung der Kinder von den klassischen Spielwaren hin zum Computerspiel. Spielte ein Mädchen vor 1980 mit zwölf Jahren noch mit Puppen und ein dreizehnjähriger Junge mit Autos, ist diese Phase heute bei den meisten Kindern bereits mit 10 Jahren abgeschlossen und durch den PC und Videospiele abgelöst. Die Phase der echten Kindheit wird immer kürzer. Was können wir unseren Kindern noch mitgeben? Wie viel Zeit bleibt uns? Sicherlich, es gibt immer mehr Studienabgänger. Familien werden immer später gegründet, so dass Ihnen Ihr Kind zu Hause länger erhalten bleibt als früher, aber eben nicht mehr als Kind mit all seinen Phantasien, mit all seinen Träumen und seinen großartigen Spielen.

Wenn Sie Ihre Erwartungshaltung an Ihre Kinder anpassen, können Sie nur positiv überrascht werden. Wenn Sie sich, weil Sie jetzt wissen, wie es geht, an Herrn Fröhlich erinnern, wird er Ihnen mit seinen guten Gefühlen zuflüstern, wie Sie die Welt auch sehen können. Er wird Ihr halb leeres Glas in ein halb volles verwandeln. Dies wird sich auch auf Ihre Kinder auswirken. Entscheidend für den Erfolg ist der Glaube an sich selbst. Wenn Sie eine Sonne werden, werden Ihre Kinder das reflektieren.

Ein weiterer Trick sei Ihnen anvertraut, auch wenn wir ein späteres Kapitel vorwegnehmen: Wuscheln Sie Ihren Kleinen übers Haar, wenn sie etwas gut gemacht oder wenn sie etwas geschafft haben. Und reagieren Sie mit diesem Übers-Haar-Streicheln sensibel und exakt auf möglichst jedes positive Verhalten Ihres Kindes. Beginnen Sie am besten noch heute damit.

3.2 Sagen Sie doch, was Sie wollen: Positive Formulierungen

Das Bild vergesse ich nie: Der dreijährige Matthias steht bis zum Bauch im Badesee und hält eine Trophäe in der Hand. Es ist die neue Uhr seines Vaters. Matthias schreit: „Papa, Uhr!“ Als seine Familie die Uhr in der Hand von Matthias entdeckt und sie auf Matthias zulaufen, rufen Sie durcheinander: *„Nicht die Uhr fallen lassen!“* „Lass ja *nicht* die Uhr *fallen.*“ Plumps, Matthias lässt die Uhr los und sagt: „Uhr fallen lasst.“ Die umliegenden Badegäste schütteln sich vor Lachen.

Womit hängt das zusammen? Ich habe eine Bitte, stellen Sie sich für einen Moment eine große Wanduhr vor, auf der zehn Uhr angezeigt wird. Und jetzt stellen Sie sich für einen Moment diese Uhr *nicht* vor. Was passiert? Selbstverständlich, Sie haben immer noch die Uhr vor Ihrem geistigen Auge.

Zweiter Versuch: Stellen Sie sich bitte *nicht* vor, wie Sie gerade diese Uhr ansehen. Es ist darauf immer noch 10 Uhr. Und stellen Sie sich dabei auch *nicht* vor, wie Sie gerade im Büro Ihres Chefs stehen und dieser wütend ist, weil sie statt um acht Uhr erst um 10 Uhr und damit zu spät zur Arbeit erschienen sind. Bitte jetzt *nicht* vorstellen.

Was passiert? Entweder Sie haben jetzt genau dieses Bild vor Augen, ich kann Sie trösten, das war *keine* Absicht, oder Sie sind gerade in Ihrem Kopf damit beschäftigt, das entstandene Bild mit zwei roten Strichen zu durchkreuzen. In einem Training sagte ein Teilnehmer zu mir: Ich habe es geschafft, ich habe mir statt der Uhr einen Tisch vorgestellt. Worauf ich ihm antwortete: „Bitte sehen Sie genau hin, auf dem Tisch liegt doch eine große Wanduhr“, was er eingestehen musste.

Stellen Sie sich jetzt *keinen* Schneemann vor. Sie merken schon, dieses Experiment zeigt uns, dass unser Gehirn gezwungen ist, sich all diese Bilder vorzustellen. *Nicht* wird von unserem Unterbewusstsein getilgt. Es gibt dafür keinen Verarbeitungsmodus. Wie oft jedoch sagen wir:

- „Tim, spring *nicht* immer auf der Couch herum."
- „Dennis, du sollst deinen Bruder *nicht* hauen."
- „Lisa, vergiss *nicht* wieder deine Hausaufgaben."
- „Bianca, in Omas Garten sollst du *keine* Blumen pflücken."
- „*Nicht* über die Strasse gehen, Nicole."
- „Wie oft habe ich dir jetzt gesagt, du sollst aufräumen und *nicht* spielen."
- „Lauf *nicht* so nah ans Wasser, Max."

Diese Übung ist *nicht* leicht. Ich möchte Sie bitten, auszuprobieren, wie es ist, wenn Sie ab sofort Ihren Kindern klar sagen, was Sie wollen. Um diese Übung erfolgreich zu machen, sind Sie gezwungen, ab sofort alle negativen Formulierungen durch positive zu ersetzen. Also statt: „Pass auf, dass du *nicht* dein Glas umkippst," sagen Sie: „Pass auf, dass dein Glas sicher auf dem Tisch stehen bleibt." Statt der Formulierung: „*Nicht* so nah an den parkenden Autos vorbeifahren", sagen Sie: „Dennis, halte mit deinem Fahrrad Abstand von den Autos."

Wie können wir das leicht erreichen? Ändern Sie Ihren Blickwinkel! Wenn Sie schon einmal ein Fahrertraining beim ADAC absolviert haben, wissen Sie, dass es eine wichtige Regel beim Autofahren gibt, die da heißt: „Sehen Sie immer in die Richtung, in die Sie fahren möchten." In normalen Fahrsituationen eigentlich logisch – im Fahrertraining werden Sie jedoch auf ungewöhnliche Verkehrssituationen vorbereitet. Die meisten denken sich, wenn sie von der Fahrbahn abkommen: *Nicht* der Baum, *nicht* der Baum und schauen dabei auf den Baum statt auf die Ausweichmöglichkeiten. Von Rallyfahrern lernen wir: Immer da hinsehen, wo ich durchfahren kann. Die bewusste Reaktion zieht unbewusste Lenkbewegungen nach sich, und die Gefahr wird überwunden. Wir müssen den Blick einfach nur auf unseren Weg, auf unser Ziel richten.

Also statt: „Lisa, vergiss *nicht* wieder deine Hausaufgaben", benutzen Sie lieber die Formulierung: „Lisa, bitte denke noch an deine Hausaufgaben."

Der Schriftsteller Rudyard Kipling formulierte einmal: „Worte sind die mächtigste Droge, welche die Menschheit benutzt." Das haben wir gerade eindrücklich erfahren. Nun aber von den Worten einmal weg hin zur Intonation, zur richtigen Aussprache von Sätzen.

In Anlehnung an David Gordon, dessen Buch *Therapeutische Metaphern* wir später nochmals heranziehen werden, entwickelte ich folgende, auf die Zusammenarbeit mit Kindern gezielte Strategie:

In meinem Büro zu Hause fehlt immer wieder mal etwas. Meist sind es Lapalien wie Schere, Locher oder Tesa. Sie kennen das bestimmt auch. Diese Utensilien scheinen auf alle Kinder eine ungeheuere Faszination auszuüben und werden von ihnen bevorzugt gebraucht. Unser Scheren- und Tesaverbrauch ist also sehr hoch, da diese häufig irgendwo in einem Bermudadreieck zwischen Büro, Bastelkeller und Kinderzimmer verschwinden. Dank der Eingebung von David Gordon konnte ich zu meinem früher üblichen: „Wer hat denn schon wieder die Schere weggenommen?" eine neue Wahlmöglichkeit entdecken. Die meisten Kinder können ausgezeichnet gut Sachen suchen. Sie sind kleiner und sehen die Welt aus einem anderen *Blickwinkel.* Aber daran wollte ich jetzt ja gar *nicht* erinnern. Da Kinder gerne und gut suchen, kann man hier also auf ihre Kooperation bauen. Für den Satz: "Philipp, ich weiß nicht mehr, wo ich den Tesa hingelegt habe, kannst du mir bitte suchen helfen?" gibt es nun drei Möglichkeiten für die Tonalität. Bitte beobachten Sie, wie die Tonalität die Bitte beeinflusst:

1. „... kannst du mir bitte suchen helfen?"
(Hörbares Fragezeichen) Der Sprecher spricht aus der Kopfstimme. Sehr hoch, fast gepresst, zittrig und unsicher, weil er nicht wissen kann, ob ihm die Bitte erfüllt wird. Er hat Angst, man könnte ihn ablehnen. Vor allem aber wird die Stimme zum Ende des Absatzes immer höher, oft mit hörbarem Oktavensprung.

2.„... kannst du mir bitte suchen helfen."
(Neutral am Schluss, ohne Höhen und Tiefen) Der Sprecher intoniert mit mittlerer Stimmlage – eher zu laut. Es ist ihm egal, ob ihm geholfen wird. Der Satz wird gleichmäßig und monoton gesprochen.

3.„... kannst du mir bitte suchen helfen!"
(Mit der Betonung am Ende des Satzes nach unten) Dieser Satz wird vom Sprecher minimal höher angefangen, damit Platz ist, ihn von der Stimmlage her am Ende nach unten zu modulieren. Der Sprecher spricht ruhig, mit insgesamt dunkler Stimme und freundlichem Lächeln. Er ist sich sicher, dass ihm seine Bitte erfüllt wird, und freut sich bereits darauf.

Der wirkungsvollste Satz ist der dritte. Vom Inhalt ausgehend eigentlich eine Frage, wird er doch so ausgesprochen, als würde ich sagen: „Hilf mir suchen!" Wenn Sie diesen Satz einmal laut vor sich hinsagen, wird Ihnen klar, was ich mit Betonung nach unten am Ende des Satzes meine. Seine Wirkung erhält der Satz wirklich erst durch die veränderte Tonalität. Er ist wie ein Befehl ausgesprochen, aber in eine freundliche Frage verpackt.

Diese Tonalität brauchen wir nicht nur bei der Formulierung unserer Wünsche, sondern gerade bei den Märchen. Wenn wir die Stimme am Ende jedes Satzes absenken, erhält unsere Aussprache automatisch etwas Beruhigendes. Dies ist eine der wirkungsvollsten Techniken, um mehr Bestimmtheit in unsere Äußerungen zu bringen. Denken Sie jedoch immer daran, dass diese Technik nur funktioniert, wenn Sie dabei ein freundliches Gesicht machen.

Gerade, wenn Sie ein Kind haben, bei dem das Seelenkleidchen durch all die vielen Misserfolge und durch die negativen Reaktionen vom Umfeld sehr dünn ist, kann es sein, dass es unsicher ist und nur über ein geringes Selbstvertrauen verfügt. Es ist möglich, dass es alle negativen Reaktionen aus der Umwelt sofort auf sich bezieht. Sie unterhalten sich mit Ihrer besten Freundin, und dabei fällt der Satz: „Das war ja wieder mal typisch." Es ist zwar nicht Ihr Kind gemeint, aber unsichere Kinder beziehen es auf sich, und Schuldgefühle und Minderwertigkeitsempfinden sind möglicherweise die Folgen. Aus diesem Grund ist es sehr wichtig, dass Sie darauf achten, mit welchem Gesicht Sie durch die Welt gehen. Aus meiner Verkaufserfahrung weiss ich, dass das nicht nur für Kinder gilt, sondern auch für Erwachsene.

Unsichere Erwachsene reagieren auf ein freundliches Gesicht ebenfalls viel aufgeschlossener als auf ein negatives. Aus zahlreichen Gesprächen, die ich als Vorgesetzter mit meinen Mitarbeitern geführt habe, kann ich Ihnen bestätigen, dass Sie alles sagen dürfen, wenn Sie dabei ein freundliches Gesicht machen – sonst wird's wirklich ein platter Befehl, und das wollen wir ja vermeiden. Es geht darum, dass Sie die beste Betonung für Ihre Gute-Nacht-Geschichten nutzen. Finden Sie die richtige Tonalität. Malen Sie mit Worten die Bilder, die Sie erzeugen wollen, und arbeiten Sie mit positiven Formulierungen. Sprechen Sie über die Gefühle, die Sie dabei erzeugen möchten.

3.3 So lernen Sie zu vergeben: Seien Sie nicht nachtragend, sondern versöhnlich – Ihr Kind ist es auch

Unter dem Sammelbegriff ADHS verbergen sich – bei genauer Betrachtung – eine ganze Reihe unterschiedlicher Symptome, wie wir bereits gemeinsam festgestellt haben. Jetzt kann man sich, so wie immer mehr Eltern, mit alternativen Behandlungsmöglichkeiten beschäftigen, die Tatsache einzelner Symptome, wie ständiges Herumtollen oder sich im Ton vergreifen usw., bleiben jedoch erhalten, ob man ADHS als Sammelbegriff für den derzeitigen Stand der Medizin nun akzeptiert oder nicht. Wenn Sie mit einem Kind umgehen, welches schnell in die Luft geht, dann wird dieses Kapitel für Sie besonders interessant sein.

Manuel beschäftigt sich in der Schule gerade mit dem Thermometer. Der Lehrer hat ein Arbeitsblatt mit nach Hause gegeben, das die Schüler auswendig lernen sollen. Manuel kommt zu seiner Mutter und möchte sich abfragen lassen. Er bekommt die Dinge nicht mehr zusammen. Die Mutter: „Also lernen hättest du schon sollen, bevor du damit zu mir kommst. Du kannst ja wieder mal gar nichts." – „Aber ich habe das doch gerade gelernt." – „Das sehe ich, warum weißt du es dann nicht?" – „Mama, ich habe es mir angesehen, weiß ich doch nicht, warum ich es schon wieder nicht kann." – „Das kann ich dir sagen, weil du dich nicht richtig konzentrierst! Bestimmt hast du wieder herumgehampelt, statt zu lernen." – „Hab ich nicht!" – „Hast du schon!" – „Mama, wenn ich sage, ich habe es gelernt, dann habe ich es auch gelernt!!" – „Das habe ich gern, nichts gelernt und dann noch frech werden, du Dummkopf?" – „Bäh, dann lass es doch, du glaubst mir ja doch nichts!" – „Und du bleibst jetzt auf deinem Zimmer und lernst. Und im Übrigen hast du bis zur nächsten Probe Fernsehverbot!" – „Dumme Kuh!!!" – „Hau jetzt ab und lern was!!!"

Zwanzig Minuten später ist die erste Wut von Manuel verraucht und er kommt wieder mit dem Blatt an. „Fragst du mich noch mal ab?"

Es kann Ihnen passieren, dass sich Ihr Kind nach einer solchen Diskussion nicht mehr an das erinnert, was es im Zorn gesagt hat. Deshalb ist es auch sinnvoll, solche Bemerkungen an sich abprallen zu lassen. Vergleichen Sie sich mit einem Torero, der dem Stier ein rotes Tuch hinhält und im richtigen Augenblick zur Seite tritt. Es macht keinen Sinn, auf verbale Ausrutscher einzugehen. Im Beispiel oben ist jedoch noch zu sagen, dass die Mutter sich recht unprofessionell verhält.

Objektiv betrachtet, kann man ja nur sagen, dass das Kind die Fragen nicht beantworten konnte, die es hätte lernen sollen. Das Kind versucht sich zu verteidigen, denn in seiner eigenen Wahrnehmung hat es sich ja bemüht. Bereits die erste Intervention der Mutter ist eine Programmierung. „Du kannst ja wieder einmal gar nichts." Es setzt voraus, das dies wiederholt passiert ist. Selbst wenn es so ist, dass das Kind etwas schon mehrfach nicht geschafft hat, ist es unsere Aufgabe, das Kind aufzubauen: „Beim nächsten Mal kannst du das!"

Wenn wir hier immer die Fehler vom letzten Mal anführen, bedeutet das nur, dass wir nachtragend sind. Es wird für das Kind sehr schwer, einen wirklichen Neustart anzufangen, wenn die Eltern es immer wieder an die Fehler der Vergangenheit erinnern, und dieses Eltern-Verhalten zieht das Kind emotional nach unten. Typisch wäre nach einem solchen Streit auch, dass das Kind kurz darauf wieder kommt, als wäre nichts gewesen. Da es keine Wahrnehmung mehr zu haben scheint, was dem Erwachsenen von eben noch gut im Ohr ist, ist es besser, wieder integrativ auf das Kind einzugehen. Das Kind ist nicht nachtragend, seien Sie es deshalb auch nicht.

Sinnvoller ist es, auf eine Lernblockade objektiver und neutraler zu reagieren:
Die Mutter sagt nun statt „Also, lernen hättest du schon sollen, bevor du damit zu mir kommst. Du kannst ja wieder mal gar nichts" besser: „Von zehn Fragen, die ich jetzt an dich hatte, hast du fünf nicht richtig beantwortet. Bitte schau es dir noch mal genau an." – „Aber ich habe das doch gerade gelernt." – „Das glaube ich dir, und wenn du morgen die Fragen alle richtig beantworten möchtest, dann macht es Sinn, es dir noch mal anzusehen und zu lernen." „Aber ich will doch noch fernsehen." – „Das weiß ich. Was hältst du von folgendem Vorschlag: Du lernst jetzt noch mal, bis du alles kannst, danach frage ich dich ab und wenn du die Fragen richtig beantworten kannst, dann kannst du fernsehen." – „Aber das dauert ja ewig." – „Wie lange dauert es wirklich, fünf Fragen zu lernen? Zehn Minuten." – „Ok, bis später."

Handeln Sie ruhig und verhandeln Sie auch mal. Wichtig ist dabei, dass Sie zu einem fairen Handel kommen. Das heißt, nicht Sie allein bestimmen, wie der imaginäre Vertrag gemacht wird. Ihr Kind muss zustimmen. Wie im richtigen Leben der Erwachsenenwelt. Es macht keinen Sinn, das Kind vor Wahlmöglichkeiten zu stellen, die keine sind: „Entweder du lernst jetzt oder du gehst in deinen Auszeitbereich." Zweimal soll das Kind parieren. Wenn nicht, wird es weggeschickt. Das ist keine faire Lösung. Abmachungen müssen von beiden Parteien einvernehmlich vereinbart werden. Alles andere ist unwirksam.

Eine weitere Unart, unter der Kategorie „nachtragend", ist das Aufzählen verschiedener Fehlleistungen, die sich in letzter Zeit angestaut haben und nun das Fass zum Überlaufen bringen:
„Ständig bist du hintendran mit Lernen. Ich muss mich dauernd um deinen Hamster kümmern, weil du nichts auf die Reihe bekommst. Oder dein Zimmer – ständig räume ich dir hinterher, und was ist der Dank, dass du deine Schwester ständig ärgerst und auf ihr herumhackst und dabei noch frech zu mir bist."

Es nützt Ihnen nichts, eine Liste von Fehlleistungen zu zitieren, nur weil ein aktueller Fall gerade das Fass zum Überlaufen gebracht hat. Sprechen Sie sachlich dieses EINE Fehlverhalten an, welches Sie jetzt gerade ärgert und nicht eine ganze Negativliste. Das Kind wird sich sonst nur verschließen. Eine Frau sagte kürzlich in einer Diskussion zu mir: „Das kann ich schon. Soll er doch mal sehen, was mich alles ärgert, er kann sich ja rechtfertigen."

Das würde aber bedeuten, dass diese Frau wirklich erwartet, dass das Kind sämtliche Einwände Punkt für Punkt abarbeiten kann, wie man es von Politikern im Fernsehen kennt. „Zu Ihrer ersten Frage möchte ich sagen ... danach kommen wir auf Ihren nächsten Einwand ... schließlich sind Sie noch der Meinung, dass ..." Das schafft ja ein Erwachsener kaum. Ich bin der festen Überzeugung, dass eine solche lange Liste nicht zum Ziel führt. Ein Punkt der Themenliste, objektiv angesprochen, ist für Kinder verdaulich. Halten Sie sich immer das Beispiel des Toreros vor Augen. Lernen Sie zu vergeben, indem Sie Beschimpfungen an sich vorbeiziehen lassen. Somit kommt es nicht zum Showdown. Stattdessen betrachten Sie verbale Auseinandersetzungen dann sportlich. Wer ruhig bleibt, hat gewonnen!

3.4 Die Krise nährt sich selbst: Raus aus der Stimulus-Response-Falle!

Es ist ein Teufelskreis. Ein als Träumerchen abgestempeltes Kind (Stimulus) bekommt tatsächlich zunehmend Angst (Response) wegen der vielen Vorwürfe, die es ständig hört, und wird dabei immer vergesslicher und trödeliger.

Protokolle von Befragungen der „ADHS-Kinder" ähneln den Beschreibungen von Mobbingopfern. „Es wird immer schlimmer! Am Schluss glaubt man, man kann gar nichts mehr ..." Versagensängste nehmen im gleichen Maß zu!

Der ein oder andere wird sich jetzt fragen, was das mit Mobbing aus der Welt der Erwachsenen zu tun hat. Beim Mobbing haben wir jedoch das gleiche Phänomen: Jemand wird gebrandmarkt vom Chef oder von den Kollegen. Wenn er es erkennt, versucht er nervös dagegen anzukämpfen. Die Nervosität verursacht beim Mobbingopfer eine höhere Fehlerquote, welche wiederum zum Ärger führt. Dies heizt die Emotionen am Ende so an, dass das Opfer glaubt – je nachdem wie lange der Prozess andauert – es könne wirklich nicht mehr so gut arbeiten, und das Opfer verliert sein Selbstvertrauen (leider oft auch das Vertrauen, sich anderswo zu bewerben). Der Leidensdruck steigt an und mit der seelischen Verarmung gehen meist auch körperliche Leiden einher. Psychosomatische Erkrankungen sind häufige Begleiterscheinungen. Nur – wer schafft es, dann noch anzupacken, aus sich herauszugehen, um es „denen" zu zeigen? Die Wahrscheinlichkeit, dass man resigniert, ist ziemlich hoch.

Sie sehen, ein Vergleich zwischen den Träumerchen und Mobbingopfern kann durchaus gezogen werden. Manchem Erwachsenen, der sein Kind mit Äußerungen wie: „Wenn du so weitermachst, schaffst du das nie!" oder: „Das ist nichts für dich, du kannst dich doch nicht konzentrieren," konfrontiert, möchte ich zurufen: Wie würden Sie sich fühlen, wenn Sie auf diese Weise gegängelt würden? Können Sie sich nicht vorstellen, dass das Problem sich dadurch nur verstärkt?

Verletzte Gefühle können sich erheblich verstärken. Wie in der Diskussion zwischen Manuel und seiner Mama kann sich ein Streit ins Unermessliche steigern. Würde Manuel auf dem Höhepunkt seiner Wut jetzt noch wahrnehmen, dass er wütend ist, würden sich die Emotionen potenzieren. Bei Erwachsenen gibt es so etwas auch. Wenn zum Beispiel in einem Telefongespräch die Formulierung unglücklich gewählt ist: *„Nun ärgern Sie sich doch nicht so." – „Sie meinen, ich soll mich nicht ärgern, einen Teufel werde ich tun, ich werde Sie verklagen, wenn Sie meine Reklamation nicht nach meinem Wunsch erledigen. Und in Eurem Mistladen werdet Ihr mich danach nie wiedersehen ..."*

Eines ist klar: Häufiges Kritisieren oder Ermahnen, ständiges Rügen und Aufzeigen von Fehlern führen dazu, dass das Kind versucht, aufgetragene Aufgaben zu vermeiden, herumzukaspern oder, wenn es große Angst vor Strafen hat, zu lügen. Erwachsene reagieren darauf mit Strafen, weiteren Vorhaltungen und erneuten Ermahnungen, was beim Kind entweder dazu führt, dass es „zumacht" oder wütend wird. Der Realitätstunnel wird immer enger und eine Wahrnehmung bestätigt die nächste. Die Vermeidungstrategien werden ausgefeilter und ständiger Misserfolg sind die Begleiter. Die Gefühle fahren Rolltreppe abwärts.

Damit nicht genug. Ich habe Ratschläge von „Fachleuten" für ADHS-Kinder im Internet gelesen, da wurde mir schwarz vor Augen. Beispielsweise soll ein Kind, das ohnehin schon Schwierigkeiten mit seinen schriftlichen Aufgaben hat, eine für das Kind unangenehme Strafaufgabe machen, wenn es sich falsch verhält: Eine Seite extra abschreiben beispielsweise, oder zur Strafe wird es auf sein Zimmer geschickt, um noch zu lesen!

Der Erwachsene, der eigentlich aufgefordert ist, die Freude am Lesen und an den Geschichten, die es in Büchern zu entdecken gibt, zu vermitteln, wird zweifelhafterweise dazu angeregt, bewusst Bestrafung und Lesen bzw. Rechnen mit Strafe zu verbinden. Das ist doch krank! Wie soll sich denn da jemals beim Kind Freude auf die Schule entwickeln. Lernen und Schulaufgaben werden zur Drohung, zur Strafe! Das Kind wird sich immer mehr von schulischen Aufgaben abwenden oder dabei schneller ermüden. Als Folge wird die Lust, sich mit komplexen Aufgabenstellungen zu beschäftigen, immer geringer.

Ein weiterer Fehler, der, zusätzlich zur Negativprogrammierung, oft gemacht wird, ist, das Kind mit anderen Kindern zu vergleichen oder die eigene Frustration dem Kind gegenüber zu thematisieren:
„Wieder lauter Fehler beim Abschreiben aus dem Buch! Warum schaffst du es einfach nicht, dich zu konzentrieren? Ich sage es dir immer und immer wieder, setz dich auf deinen Hosenboden. Aber du bist zu faul. Wenn du weiter so versagst, wirst du am Ende durchfallen. Schau die Carina an. Die ist brav. Frau Meier hat mir erzählt, dass ihre Carina immer fleißig lernt und zu den Besten deiner Klasse gehört. Du bringst mich noch mal zum Wahnsinn! Was glaubst du eigentlich, wie viele Probleme du mir bei deinen Lehrern schon eingebracht hast. Nirgendwo kann ich mich sehen lassen, alle schauen auf mich. Da kommt die wieder mit ihrem ungezogenen Lausbub. Ich weiß nicht mehr, was ich mit dir anfangen soll.

Irgendwann kommt scheinbar der Punkt, bei dem die eigene Enttäuschung über das Kind und Angst überwiegen. Schlechte Gefühle sorgen dafür, dass sich die Eltern immer tiefer in schlimmen Bildern über die Zukunft der Kinder verstricken. Das Schlimmste, was in der Beziehung Eltern/Kind passieren kann, ist, dass Eltern frustriert aufhören, ihre Kinder zu motivieren.

Eigentlich ist der Weg aus der Stimulus-Response-Falle heraus ganz leicht. Ein Herr Fröhlich, im richtigen Moment, kann schnell aus der miesen Laune heraushelfen und Mut machen. Denn diesen braucht man schon, um nicht seine eigenen Ängste auf das Kind zu übertragen und um das Kind auch in Zeiten starker Zweifel weiterhin zu motivieren, aufzubauen und nach Lösungsmöglichkeiten zu suchen. Sicherlich ist es manchmal nicht leicht, weiterzumachen und sich konstruktiv zu geben, auch wenn einem emotional die Puste ausgeht. Denken Sie immer daran: Sie als Erwachsener sind der Stärkere. Sie können mit aufbauenden Kommentaren den Entwicklungsprozess Ihres Kindes erheblich fördern. Es liegt an uns Erwachsenen, ob wir *negativ* sagen: „Wenn du so weitermachst, wird aus dir nie was“, oder ob wir *positiv* korrigieren: „Du magst dich mehr anstrengen, dann schaffst du das.“ Anstatt zu sagen: „Ich kann nicht mehr, du bist ein Quälgeist“, sagen Sie besser: „Du bist ein energievolles Kind, und gemeinsam werden wir das schaffen.“ Statt zu mäkeln: „Du machst lauter Fehler, nie lernst du richtig“, bauen Sie Ihr Kind mehr auf, wenn Sie sagen: „Du hast das noch *nicht* ganz richtig gemacht, lass uns mal gemeinsam sehen, wie wir das leichter in deinen Kopf bringen.“

Kürzlich erzählte mir eine erleichterte Mutter von Christian, Messer und Gabel und wie sie mit den oben genannten Strategien alle drei an einen Tisch gebracht hat:
Christian hat Schwierigkeiten, mit großem Messer und großer Gabel zu essen. Seine Mama beschließt mit ihm gemeinsam, ein neues „kindergerechtes“ Besteck nur für Christian zu kaufen. Gleich am Abend wird es ausprobiert. Christian versucht zu schneiden, schon hüpft ihm ein Teil seines Essens vom Teller auf den Fußboden. „Hab ich dir doch gleich gesagt, dass ich das nicht kann!“, schreit er seine Mutter an. Diese zeigt sich unbeeindruckt und übergeht die Reaktion einfach. Wortlos erhält Christian ein neues Stück, und die Mutter sagt neutral: „Du schaffst das schon. Alles Neue muss man üben.“ Christian macht sich daran und schneidet. Nach einiger Zeit und vielem „Grummeln“ hat er ein Stück selbst abgeschnitten. Christian freut sich und sofort reagiert die Mutter: „So ist es gut. Siehst du, du kannst das schon. Und je mehr du probierst, desto besser wird es dir gelingen.“ Christian ist angespornt und schnipselt fröhlich am Essen weiter ...

Dieses Beispiel für positives Verstärken zeigt auf, wie Cheerleading funktioniert: Solange etwas nicht klappt, reagieren wir nonverbal und unbeeindruckt und machen Mut. Wenn sich der erste Erfolg einstellt, freuen wir uns angemessen und verankern diesen Zustand wieder auf dem „Konto der guten Gefühle“ unseres Kindes. Oft sind die Kinder erst einmal da „abzuholen“, wo sie gerade stehen:
Maria hat einen regelrechten Horror vor Textaufgaben, weil ihr das Lesen schwer fällt. Ständig passieren ihr Flüchtigkeitsfehler, da sie nicht genau genug liest und danach die Aufgaben nicht richtig entwickeln kann. „Diese blöden Textaufgaben, ich kann die einfach nicht und ich werde das nie kapieren.“ Der Lehrer kommt hinzu: „Stimmt, Textaufgaben sind blöd. Ich wollte die auch nie.“ – „Ehrlich?“ – „Ja, stimmt wirklich. So lange, bis ich angefangen habe, wie du jetzt auch, mich ganz ruhig damit auseinander zu setzen.“ – „Was?“ „Schauen wir doch mal, lies doch mal in aller Ruhe die Aufgabe laut vor.“

Sie mögen vielleicht denken, der Lehrer steht sich selbst im Weg, wenn er dem Kind Recht gibt. Wenn wir den Dialog genauer betrachten, werden Sie feststellen, dass der Lehrer zwei wichtige Manipulationen vornimmt: Bei der ersten holt der Lehrer Maria da ab, wo sie gerade steht. Das heißt, zunächst gibt er ihr Recht, auch wenn er es sofort wieder einschränkt, indem er sagt, „... so lange, bis ich angefangen habe ...“

Was hat er denn verändert? Er verrät: „... mich ganz ruhig damit auseinander zu setzen ...“, was ein Verweis auf das jetzt erwünschte Verhalten (ruhig auseinander zu setzen) von Maria ist, erweitert um den versteckten Befehl (wie du jetzt auch). Erst nachdem die „Fronten“ geklärt sind (der Lehrer ist auf meiner Seite, er fand ja schließlich Textaufgaben auch mal blöd), kann der Lehrer mit Maria wieder weiterarbeiten. Die Blockade wird damit ganz schnell aufgelöst. Gleichzeitig hat er Maria mit der ruhig und doch bestimmt ausgesprochenen Formulierung ruhig gestellt.

Dieses Abholen ist extrem wichtig. Es ist eine sehr kurze Phase, die bekannteste der NLP-Strategien: *Pacing* oder *Spiegeln.* Leider oft auch die, die falsch angewendet wird. Wenn man sich also ganz auf das Gegenüber einlässt, es fast schon nachmacht, es in Körperhaltung, Stimme, Tonfall, Mimik und Gestik imitiert, will man erreichen, dass das Gegenüber aufmacht, sich angenommen fühlt, dass man auf gleicher Ebene miteinander kommuniziert. Wenn man das jedoch übertreibt, kann es unglaubwürdig erscheinen. Man verliert Authentizität, was gerade von Kindern schnell durchschaut wird. Erste Fehlerquelle beim Pacing ist also, zu übertreiben. Die zweite ist, es ZU LANGE zu betreiben. Schnell wird nämlich der Standpunkt des Gegenübers mit seinen möglicherweise schlechten Gefühlen mitübernommen. Ziel muss also sein, so schnell wie möglich wieder die Führung zu übernehmen, was dem Lehrer in unserem Beispiel, nach dem scheinbaren Eingeständnis, exzellent gelingt. Er hat gleich die Lösung parat, er sagt: „... mich *ganz ruhig* damit *auseinander zu setzen.*" – „Was?" „Schauen wir doch mal, *lies doch mal in aller Ruhe die Aufgabe laut* vor."

Um Spiegeln und Führung noch einmal zu vertiefen, ziehe ich das Lehrerbeispiel nochmals heran:
„Stimmt, Textaufgaben sind blöd. Ich wollte die auch nie." – „Ehrlich?" – „Ja, stimmt wirklich. So lange, bis ich angefangen habe, wie du jetzt auch, mich ganz ruhig damit auseinander zu setzen." – „Was?" „Schauen wir doch mal, lies doch mal in aller Ruhe die Aufgabe laut vor."

Spiegeln findet also vom „stimmt ..." bis „... wirklich. So lange ..." statt. Ab diesem Wort fängt der Lehrer an, seine Zielrichtung zu verändern und vom *Spiegeln (pacing)* auf das *Anleiten (leading)* umzuschalten. Sie können Spiegeln in vielen Bereichen Ihres Lebens einsetzen. Es ist eine sehr effiziente und, wenn sie geschickt angewendet wird, eine undurchschaubare Methode, um schwierige Gesprächssituationen in Luft aufzulösen, verärgerte Kinder abzukühlen, wütende Kunden zu beruhigen, unsichere Menschen zu verstehen u.a. Wichtig ist dabei, nicht zu übertreiben und schnell in Richtung Ihres gewünschten Gesprächszieles fortzufahren. Sie müssen unbedingt umschalten können, sonst verstricken Sie sich buchstäblich in der Meinung des Gesprächspartners – was fatal wäre, denn dann hätten Sie sich ja mit dieser Strategie selbst eine Falle gestellt.

Die größte Herausforderung dabei ist also, man Selbst zu bleiben. Da wir uns in diesem Buch primär mit der Kommunikation in Ihren eigenen vier Wänden auseinander setzen, ist es ratsam, das Pacing und Leading erst außerhalb der Familie mit der Kassiererin, dem Postboten, der Blumenfrau, dem Versicherungsverkäufer, einem neuen Freund, dem Schalterbeamten usw. auszuprobieren. Sie werden feststellen, dass Sie die Welt auf einmal viel besser verstehen und die Menschen viel freundlicher auf Sie reagieren. Ich wünsche Ihnen viel Spaß dabei.

3.5 Wie Sie bei sich selbst einen Zustand von Ruhe und Gelassenheit herstellen

Ruhe auf Knopfdruck! Wäre das nicht manchmal wünschenswert? Wie viele Situationen hat es in unserem Leben bereits gegeben, in denen wir uns im Nachhinein gewünscht haben, dass wir ruhiger reagiert hätten. Wie oft hat sich aufgrund unserer Reaktion die Situation erst richtig verschärft.

Vielleicht kennen Sie dann zum Beispiel diese Situation:
Der Vater hat einen stressigen Tag hinter sich. Zuerst das Meeting wegen der schlechten Umsätze. Dann die Besprechung beim Chef und danach muss er noch den Streit in seiner Abteilung schlichten. Kurz ein Sch...tag.
Der Nachhauseweg gestaltet sich dazu passend: Zuerst ein Stau und wieder einmal viel zu spät zu Hause. Kaum aus dem Auto gestiegen, erreicht ihn bereits das nächste Ärgernis. Die beiden Söhne Tim und Moritz laufen beide weinend auf den Vater zu: „Der hat mich gehauen." – „Alte Petze, du hast mich aber zuerst gehauen." – „Weil du mich geärgert hast." – „Papa, das ist nicht wahr, der lügt schon wieder." Schließlich kommt die Mutter gelaufen: „Schluss, ihr zwei Raufbolde. Ihr geht jetzt beide auf euer Zimmer, ich will euch nicht mehr sehen. Es ist nicht auszuhalten mit euch beiden, ständig streitet ihr euch." Der Vater, der sich eigentlich auf einen ruhigen Feierabend freut, entnervt: „Ihr seid ja alle wieder großartig drauf. Am liebsten würde ich wieder fahren", und zu seiner Frau spricht er: „Hier läuft ja wieder gar nichts." Der Abend nimmt seinen Lauf, indem man sich gegenseitig vorwirft, wer den schlechteren Tag hatte.

Wie wäre wohl im Gegensatz dazu der Tag ausgegangen, wenn es sowohl dem Vater als auch der Mutter gelungen wäre, ruhig zu bleiben und Ruhe auszustrahlen. Wenn es also einen Knopf gegeben hätte, den man rechtzeitig hätte drücken können, wäre alles viel ruhiger abgelaufen. Der Luftballon der negativen Energien wäre nicht geplatzt, sondern hätte einfach Luft verloren oder wäre immer höher und höher in den Himmel geschwebt, bis man ihn nicht mehr gesehen hätte.

In ihrem Buch *Wie die Liebe bleibt* beschreiben Steve und Shaaron Biddulph: „Die Strahlkraft der Liebe macht beim Paar nicht Halt, sondern erhellt auf natürliche Weise auch seine Umgebung. Einen Partner lieben ist beileibe keine Reise ins Innere. Die Energie eines Paares kann Kinder hervorbringen und in einer einzigartigen Sicherheit heranwachsen lassen. Gestandene, reife Paare entdecken in sich Kräfte, die sie an ihre Mitmenschen weitergeben können. Sie führen ein offenes Haus und gehen großzügig mit ihrer Zeit, ihrem Geld und ihrem persönlichen Engagement um. Eine solche Paargemeinschaft schafft eine Wärme, die ihre gesamte Umwelt erfasst. Je glücklicher Ihre Liebe zu einem Menschen, desto mehr wird sie eine Liebe zur Menschheit werden."

Für das Heimkehren eines oder beider Eltern nach der Arbeit empfehlen die Biddulphs ein tägliches „Ritual", welches ich Ihnen bestens weiterempfehlen kann. Wenn sie beide heimkehren, ist es sehr förderlich, wenn Sie sich erst einmal Zeit für sich nehmen. Ihre Kinder stehen in dieser kurzen Zeit, etwa 10 bis 15 Minuten, hinten an. Ziel des Rituals ist, sich wieder „einzuklinken": „Atem und Herzschlag" wieder aufeinander einzuschwingen. Dazu haben meine Frau und ich einen kleinen Platz in der Küche eingerichtet und für uns reserviert. Es ist ein hoher Bistrotisch mit zwei Barhockern. Dieser Sitzplatz konnte lange Zeit nur von uns selbst eingenommen werden, da es für die Kinder schwierig war, die hohen Stühle zu erklimmen. An diesem Platz essen meine Frau und ich eine Kleinigkeit: etwas Obst, einen Joghurt oder einen Snack, und wir trinken eine Tasse Tee oder Kaffee. Wir nehmen uns kurz Zeit füreinander, besprechen das, was uns auf der Seele liegt, und können so kurz durchatmen. Verschnaufpause, die Zweisamkeit genießen.

Dies gelingt vor allem dann, wenn Sie konsequent bleiben und ihre Kinder dazu erziehen, dass diese zehn Minuten Ihrer Partnerschaft gehören. Dazu gehört, dass Sie ein konstruktives Gespräch führen und nicht im Wettstreit liegen, wer von Ihnen beiden den schlimmeren Tag hinter sich hat. Schließlich profitieren Ihre Kinder auch davon, wenn Sie sich ihnen wieder in Ruhe und Harmonie widmen können, auch wenn Ihre Kinder sich dazu kurz zurücknehmen müssen. Ein Trainerkollege von mir, der schon größere Kinder hat, macht alternativ dazu, wenn er von einer längeren Reise zurückkommt, einen fünfzehnminütigen Spaziergang ums Haus. Er meint, dass so auch negative Energien außerhalb des Hauses bleiben. Egal ob Spaziergang oder kurzes Verabreden zu zweit, probieren Sie es aus. Ich verspreche Ihnen, Sie werden es genießen. Achten Sie aber bitte auch darauf, dass dieses Ritual nicht zu lange dauert. Es geht darum, kurz die Batterien aufzuladen, nicht eine Generalinspektion durchzuführen. Danach sind dann gleich Ihre Kinder wieder dran!

Aber wie ist das nun mit der Ruhe auf Knopfdruck? Wir können in anderen oder um uns herum nur die Zustände erzeugen, die in uns selbst brennen. Nicht einmal ein Schauspieler kann fröhlich sein, wenn er das Gefühl von Fröhlichkeit nicht kennt. Im Schauspiel lernt man zwar, Gefühl und Zustand voneinander zu trennen, damit einen die Darstellung von negativen Gemütszuständen auf Dauer nicht auffrißt. Aber selbst den „Besten" gelingt das nicht immer ohne wochenlange Depression nach einer schwierigen Rolle.

Wir wollen keine Schauspieler werden. Wir wollen authentisch sein und bleiben. Gleichzeitig bietet sich ein Ausweg aus schwierigen Situationen nur, wenn wir nicht in die Gefühlsfalle tappen und uns dann in negativ geladene Emotionen fallen lassen – sondern wenn wir uns zurücknehmen können, die Situation von außen abklären und erkennen, dass es (meistens) kein Notfall ist, und entsprechend gelassen reagieren.

Nehmen wir erneut das Beispiel des Luftballons von vorhin. Wie kann eine solche Strategie funktionieren? Erinnern Sie sich noch einmal an den letzten Moment, an dem Sie sehr wütend waren. Am besten aufgrund einer Streitigkeit mit Ihren Kindern.

Erinnern Sie sich an Ihre Gefühle, an das, was Sie gehört haben. Was haben Sie gesehen? War es ein Bild oder ist es ein Film. Wie ist es, wenn Sie sich ärgern? Ist das Bild, der Film farbig oder schwarzweiß? Erinnern Sie sich bitte sehr genau, denn es ist wichtig, dass Sie den Zustand des Ärgernisses nur für einen kurzen Moment hervorholen. Erinnern Sie sich exakt an das Gefühl, das Sie hatten. Welche Farbe hat dieses Ärgergefühl? Bitte geben Sie dem Gefühl eine Farbe. Jetzt stellen Sie sich einen Luftballon in dieser Farbe vor. Nehmen wir an, dieser Luftballon mit der Ärgerfarbe ist mit Gas gefüllt und steigt nun höher und höher in den Himmel hinauf. Und während Sie den Luftballon immer höher und höher steigen sehen, fühlen Sie sich bereits besser und besser – nicht gleich, sondern JETZT.

Was passiert da? Wie war das gerade bei Ihnen, als Sie dieses Beispiel gelesen haben? Wenn Sie sich ganz darauf eingelassen haben, dann war der Ärger wieder hervorgeholt. Danach hat sich dieser schnell wieder in Luft oder, besser gesagt, im Luftballon aufgelöst.

Mit allen unseren Erinnerungen sind Untereigenschaften verbunden, so genannte Submodalitäten. Submodale Merkmale werden unterteilt in Bilder, Höreindrücke, Gefühle, Gerüche oder Geschmack, die wir wiederum noch tiefer in weitere Submodalitäten aufgliedern können. Bei den visuellen Wahrnehmungen unterteilen wir Bilder in farbig, schwarzweiß, laufend oder stehend, hell oder dunkel, groß oder klein. Bilder, die aus uns heraus (mit unseren Augen) wahrgenommen werden, in denen wir die Umwelt wahrnehmen, nennen wir assoziiert. Bilder/Filme, in denen wir uns selbst sehen, umgeben von unserer Umwelt, bezeichnen wir als dissoziiert.

Die auditiven Wahrnehmungen können wir unterteilen in laut oder leise, verzerrt oder klar, intensiv oder diffus, harmonisch oder disharmonisch, mono, stereo, rhythmisch oder unrhythmisch, nahe oder ferne Geräusche.

Die meisten Menschen können sich intensiv an Gefühle erinnern. Stark, schwach, weich, hart, feucht, nass, warm, kalt. Die Fragen nach Submodalitäten sind hier: Wo im Körper beginnt das Gefühl, wo endet es, welche Richtung haben die Gefühle, wie schnell waren Atem, Herzschlag, Temperatur, welche Gefühle in welchen Körperteilen gleichzeitig oder separat usw.

Gerüche und Geschmack erinnern wir oft miteinander. Sie kennen bestimmt den Duft Ihrer Lieblingsspeise und können sich auch erinnern, oder förmlich auf der Zunge zergehen lassen, wie sie schmeckt.

Wenn wir uns also intensiv erinnern möchten, gelingt uns das besser, wenn wir uns mittels Submodalitäten an den früheren Moment annähern. Je intensiver das geschieht, desto deutlicher sind die Wahrnehmungen. Es gelingt Ihnen, sich innerhalb Ihres Lebens schnell von einer Erinnerung in die andere zu beamen – fast wie in einer Zeitreise. Sehen Sie sich das oben genannte Beispiel mit dem Luftballon nochmals an. Ich habe Sie gebeten, sich anhand dieser Untereigenschaften, der Submodalitäten, nochmals an ein ärgerliches Erlebnis zurückzuerinnern. Danach geben Sie diesem Gefühl eine Farbe und verschieben den Ärgerzustand aus dem Gefühl in eine visuelle Wahrnehmung. Sie werden dabei feststellen, dass das negative Gefühl hier im Beispiel schwächer wird. Einmal visualisiert, lassen wir den Luftballon höher und höher steigen (da er ja mit Heliumgas gefüllt ist), und so wird das mit dem Luftballon verbundene Gefühl immer kleiner und kleiner, bis es verschwindet. Wir verschieben eine stark kinästhetische Emotion, indem wir sie bildhaft machen, in eine visuelle Wahrnehmung. Unsere Gefühle sind damit buchstäblich vom Bauch in den Kopf gewandert. Das ist eine von vielen Möglichkeiten, wenn wir mit Submodalitäten arbeiten. Wir verschieben unsere negativen Gefühle einfach (auf woanders oder wann anders).

Dazu drei kurze Übungen: Spannen Sie zunächst Ihre Bauchmuskeln fest an. Schließen Sie dabei die Augen und machen Sie aus diesem Gefühl, der angespannten Bauchmuskeln, eine Farbe. Lösen Sie die Spannung wieder.

Zweitens: Denken Sie jetzt an eine Farbe. Entweder Sie suchen sich aus Ihrer Umgebung eine Farbe aus oder Sie stellen sich eine vor. Während Sie nun diese Farbe ansehen, machen Sie daraus ein Geräusch. Einen Ton, eine auditive Wahrnehmung, die Sie in Ihrem Kopf hören können.

Drittens: Hören Sie nun genau Ihre Umgebung ab. Nehmen Sie ein Geräusch aus Ihrer Umwelt, und fühlen Sie, wie sich dieses Geräusch anfühlt, indem Sie ein Gefühl daraus machen.

Diese Beispiele nennt man Synästhesiewechsel. Wir wechseln von einem Kanal zum anderen. Es gibt einige Menschen, für die ist Synästhesie ein täglicher Begleiter. Sie hören zum Beispiel Musik und haben dazu Farben im Kopf. Sie haben in unseren Beispielen gerade drei solcher Synästhesiewechsel am eigenen Leibe erfahren: Von kinästhetisch (Bauchmuskeln anspannen) zu visuell (Farbe: Blau?). Von visuell (wenn Sie gerade draußen sitzen, könnte es Grün sein?) zu auditiv (Musik?). Und in der letzten Übung von auditiv (vorbeifahrendes Auto?) zu kinästhetisch (anspannen der Gesäßmuskulatur?).

Nicht nur beim „Luftrauslassen“ sind diese Synästhesiewechsel von Nutzen, sondern besonders später, wenn wir zu den Einschlafgeschichten kommen. Hier müssen wir, um eine möglichst hohe Beteiligung des Unterbewusstseins zu erzielen, ständig von einem Kanal auf den anderen umschalten. Sie können jetzt schon einmal üben. Beobachten Sie Ihre Umwelt und verschieben Sie diese Eindrücke in eine visuelle, auditive oder kinästhetische Wahrnehmung.

Sagen Sie sich das dann so vor, als würden Sie mit Ihren Kindern sprechen. Gehen Sie mit Ihren Kleinen zum Beispiel spazieren: „Schau, da drüben ist ein grüner Baum, und während du siehst, wie der Baum grün glitzert, spürst du, wie du kräftiger und stärker wirst und dabei den Vögeln zuhörst, die dir zuzwitschern wollen: Du schaffst es leicht, noch ein paar Schritte zu gehen, denn deine Füße fühlen sich immer leichter und leichter an.“

Probieren Sie es aus, es ist leichter, als es aussieht. Gehen Sie dabei einfach immer Ihren Körper durch, damit Sie alle Sinne gleichermaßen ansprechen, also von oben, von den Augen (visuell) zu den Ohren (auditiv) zum Gefühl (kinästhetisch). Wenn Sie Ihren Körper dabei innerlich immer wieder durchgehen, wird es Ihnen immer leichter fallen, sich auf Außen zu konzentrieren und die Wahrnehmungen sortiert in Ihre Geschichtenübungen einzubauen. Unterbrechen Sie jetzt die Lektüre dieses Buches. Entspannen Sie sich und üben Sie. Danach sollten Sie diese Übungen immer wieder auf Spaziergängen, Autofahrten oder zu Hause verfeinern.

Zunächst haben wir uns mit dem Abkühlen von starken Emotionen beschäftigt, damit Sie in Zukunft gelassener reagieren können. Jetzt wenden wir uns den positiven Emotionen zu, die wir dringend brauchen, um uns an die Momente des Glücks und der Stärke zu erinnern. Solche Momente können wir dann hervorholen, wenn es uns einmal nicht so gut geht.

Dazu brauchen wir wieder die Kraft der Submodalitäten, deren energetische Wirkungen sich noch verstärken können, wenn wir sie ein bisschen optimieren. Denken Sie dazu bitte an einen positiven Moment in Ihrem Leben. Denken Sie sehr intensiv daran. Was haben Sie damals gesehen? War es ein Bild oder war es ein Film? Sind Sie in dem Bild oder sehen Sie sich außerhalb des Bildes? Machen Sie das Bild größer, das Bild Ihres persönlichen Erfolges oder einer besonders guten Leistung. Erinnern Sie sich noch, was Sie damals gehört haben? Vielleicht hat jemand etwas Großartiges zu Ihnen gesagt, sodass Sie sich sehr wohl gefühlt haben. Sie haben damals genau gewusst, Sie schaffen das – und so war es dann auch! Sehen Sie sich den Film nochmals an, machen Sie das Bild farbiger und vor allem größer. Nehmen Sie wahr, welchen Unterschied es macht, wenn Sie ein größeres, farbigeres Bild davon haben. Nehmen Sie bewusst wahr, welche Veränderungen in Ihren Gefühlen stattfinden. Verstärken Sie jetzt das Gefühl in Ihrem Körper. Ja, es geht! Fühlen Sie sich jetzt zunächst einmal fünfmal besser und jetzt zehnmal besser. Atmen Sie tief ein und spüren Sie, wie Sie sich, während Ihre Augen beim Lesen dieses Textes von links nach rechts wandern und Sie sich an dieses positive Erlebnis erinnern, immer besser und großartiger fühlen. Vielleicht beschleunigt sich Ihr Herzschlag und Ihr Atem, denn Sie können zu sich selbst sagen: Ich habe das geschafft!!

Wieder sind wir dabei, die Submodalitäten noch zu optimieren. Jetzt machen Sie den Ton angenehmer und bringen Sie mehr Helligkeit in das Erlebnis. Sehen Sie sich das immer und immer wieder an und optimieren Sie dieses großartige Erlebnis immer wieder von neuem.

Super, dass Sie mitgemacht haben. Bitte lesen Sie diese Stelle noch mindestens ein bis dreimal ab dem vorletzten Absatz durch, damit Sie das Verändern von Submodalitäten gründlich erlernen. Sie brauchen diese Kompetenz für unsere später folgenden Geschichten.

Anschließend machen Sie diese Übung einmal mit Ihren Kindern. Lassen Sie Ihre Kinder dabei zunächst ein positives Beispiel nehmen und verstärken Sie dann die Submodalitäten in der Richtung, die Ihren Kindern angenehm ist. Gehen Sie daran, ein negatives Beispiel zu optimieren. Ja, Sie können tatsächlich jedes negative Erlebnis in ein positives verändern, indem Sie wie beschrieben die Untereigenschaften verändern. Man hat festgestellt, dass es für Ihr Unterbewusstsein keinen Unterschied macht, ob es tatsächlich so stattgefunden hat oder ob Sie in Ihrem Bewusstsein etwas verändert haben.

Alle Kinder kennen diesen „Trick". Im Spiel machen Sie sich ihre Welt, wie sie ihnen gefällt. Aus einem tristen Regentag im Herbst wird ein sonniger Frühlingstag. Den Lärm von der nahe gelegenen Baustelle verwandeln sie in das Getöse eines intergalaktischen Raumschiffs beim Starten. Aus einer Zimmerpflanze wird ein Dschungel und der Teppich wird zum Boot in einem reißenden Strom.

4. Welche Unterstützung Ihre Kinder brauchen

In den vorhergehenden Kapiteln haben wir uns mit Ihrer einmaligen Rolle als Eltern in einer modernen Welt, die an Geschwindigkeit ständig zunimmt, beschäftigt. Wir haben uns gemeinsam einen Herrn Fröhlich in Ihrem Ohr geschaffen, der Ihnen seitdem einen positiven internen Dialog sichert, indem er Ihnen rechtzeitig angenehme, motivierende Dinge einflüstert. Wir haben erkannt, wie unterschiedliche Erwartungshaltungen zwischen Kind und Erwachsenem zu Konflikten führen können und welche Rolle positive Formulierungen spielen, wenn Sie in Zukunft Ihren Kindern sagen, was Sie wollen.

Gleichzeitig haben wir uns damit beschäftigt, dass das Wörtchen *nicht* zu *nichts* führt und wie Sie Ihren Blick in Richtung Ihres Zieles lenken, um damit zielgerichteter zu kommunizieren, wenn Sie Veränderungen erreichen möchten. Sie haben gespürt, welchen Unterschied es macht, wenn Sie einen Satz am Ende absenken. Wir haben besprochen, wie Sie leicht vergeben können, wie Sie Konflikte entschärfen und wie Sie Kinder an der Stelle abholen können, an der sie gerade im Kopf stehen. Wir haben Übungen gemacht, damit Sie in Zukunft gelassener reagieren können – das Heimkehrritual zum Beispiel oder das Abkühlen von Emotionen durch Veränderungen in den Submodalitäten, und Sie haben gelesen, was Synästhesiewechsel sind.

Jetzt wenden wir uns den Möglichkeiten zu, die Sie als Eltern haben, um noch besser auf Ihre Kinder eingehen zu können und sie dabei anzuleiten, das angemessene Verhalten zur entsprechenden Situation zu entwickeln. Wir werden diskutieren, welche Wege es gibt, um das Selbstbewusstsein Ihres Kindes zu bestärken und warum es wichtig ist, es zu verbessern.

Wir werden nun sehen, was Rituale im Sinne von wiederkehrenden und verlässlichen Handlungen alles für Ihre Kinder bringen. Wie Sie die Ruhe, die Sie in sich selbst erzeugen, einfach, leicht und sicher an Ihre Lieben weitergeben können und wie klare nonverbale Signale bei Ihren Kindern wirken können.

4.1 Ängste abbauen

Bei unserem Zahnarzt hing früher ein Schild: „Kein Übel ist so groß, wie die Angst davor." Kinder können vor allem Möglichen Angst haben. Wer seine Kinder nachts ins Bett bringt, weiß, was ich meine: Angst vor der Dunkelheit, Angst vor Gewitter, Angst vor der Schule oder der kommenden Klassenarbeit, Angst vor schlimmen Ereignissen.

Ängste haben vielfache Wurzeln. Manche liegen sehr tief, andere nehmen Bezug auf kurzfristige Reize: ein gerade gesehener Unfall im Fernsehen oder eine bedrohliche Situation in der Lieblingszeichentrickserie, in dem es dem „Helden" beinahe an den Kragen ging. Über das Fernsehen kann man sich streiten. Es gibt Untersuchungen, die zeigen, dass TV förderlich für Kinder ist. Andere Erhebungen beweisen das Gegenteil. Hier kann es nicht darum gehen, ein eindeutiges Urteil zu fällen. Sie selbst müssen entscheiden, wie viel Fernsehkonsum gut für Ihre Kinder ist.

Besprechen Sie offen mit Ihren Kindern, wenn Ihnen der TV-Konsum zu viel wird. Beschließen Sie gemeinsam, wie lange Ihre Kinder fernsehen und welche Programme dafür geeignet sind. Dabei ist es sicherlich hilfreich, wenn Sie das Programm gemeinsam ansehen oder zumindest in der Nähe bleiben, solange der Apparat läuft. Kinder erhalten aus dem Fernsehen keine Beurteilungen. Alles, was geboten wird, bleibt unreflektiert, solange Sie keine Kommentare abgeben. Sorgen Sie dafür, dass nicht das Wertesystem der TV-Sender auf Ihre Kinder wirkt. Sorgen Sie lieber selbst dafür, mit Ihren Idealen, mit Ihren Einstellungen zur Keimzelle einer gesunden Familie zu werden. Damit bewahren Sie Ihre Kinder am besten vor schädlichen Beispielen. Ängste entstehen aus TV, Video oder aus PC-Spielen nur dann, wenn Kinder damit allein gelassen werden und diese Eindrücke dann kurz vor dem Schlafengehen verarbeiten.

Im Neurolinguistischen Programmieren gibt es eine äußerst effiziente Methode, um Ängste schnell abzubauen. Die spektakulärsten Fälle sind Leute mit Spinnen- oder Schlangenphobie, die nach diesem Prozess, der Fast Phobia Cure genannt wird, innerhalb von fünf Minuten ihre Angst verlieren.

Lassen Sie uns wieder einen kleinen Ausflug in die Submodalitäten unternehmen. Warum haben wir uns vorhin immer gefragt, ob ein Bild groß ist oder klein. Ob wir in dem Bild wie aus unseren eigenen Augen sehen (= assoziiert) oder ob wir das Bild so sehen, als ob wir in einem Kino sitzen und einen Film ansehen, indem wir selbst die Hauptrolle spielen (dissoziiert).

Die beiden Unterschiede sind signifikant. Im assoziierten Zustand sehen wir die Situationen wie aus unseren eigenen Augen. Wir sehen jemand, der mit uns spricht, der sich direkt wie vor uns selbst aufbaut. Wir hören es so, wie wir es auch in der Realität gehört haben. Ganz nah. Wir fühlen uns genauso und Letzteres ist der bedeutsame

Unterschied. Im assoziierten Zustand sind unsere erinnerten Gefühle unmittelbar und direkt mit den Bildern in unserem Kopf verbunden.

Im dissoziierten Zustand sehen wir bestimmte Erinnerungen wie in einem Kino. Wie in einem Film, in dem wir die Hauptrolle spielen. Gefühle sind hier wie abgeschnitten und können sich nicht so aufbauen wie im assoziierten Zustand.

Was ist das Entscheidende in Bezug auf die Angst? Wann immer wir vor etwas Angst haben, sollten wir buchstäblich einen Schritt zurückgehen. Aus dem Bild heraussteigen und uns einen Film auf einer Leinwand vorstellen. Gefühle werden auch durch schwarzweiße Bilder oder Filme weggesaugt. Das klingt unwirklich? Probieren Sie es unbedingt aus!

Machen Sie sich in dieser Übung also ein Bild von Ihrer Angst und tauchen Sie kurz in das Bild ein, um es schnell wieder zu verlassen und sich einen Film daraus zu machen. Spüren Sie nach, wie es sich mit Ihren Gefühlen nun verhält. Haben Sie sich verändert?

Wenn Ihre Kinder von Ängsten berichten, dann ist dies ein gutes Zeichen. Es zeigt, dass sie Ihnen vertrauen.

Jana erzählt ihrem Vater, dass sie Angst vor einem bösen Traum hat, der immer wieder kommt. – „Was konkret macht dir Angst?“ – „Das weiß ich nicht, ich habe einfach Angst.“ – „Jana, wie sieht das aus, wenn der böse Traum kommt?“ – „Es ist dunkel und ich falle die Treppen hinunter.“ – „Erinnerst du dich noch an letzte Woche, als wir alle zusammen im Kino waren? Stell dir mal vor, du würdest in einem Kino sitzen und siehst jetzt auf der Kinoleinwand einen Film, in dem dein Traum spielt und du spielst da auch mit. Kannst du dir das vorstellen?“ – „Ja, kann ich.“ – Und jetzt stellst du dir vor, dass es gar kein richtiger Spielfilm ist, sondern ein Zeichentrickfilm.“ – „Wie ist das? – (Jana muss lachen) „Hi hi, das ist lustig, Papa.“

Robin schlafwandelt manchmal. Ganz klassisch, meist in der Zeit der Vollmondnächte. Er hat einen sehr bösen Traum. Er wurde aus dem Schlaf gerissen und kommt völlig verschlafen ins Eltern-Schlafzimmer und weint, ist aber gleichzeitig nicht richtig wach zu kriegen. Er murmelt nur unverständliche Dinge. Die Mutter spricht etwas lauter als normal auf ihn ein: „Robin, gehe einen Schritt zurück aus deinem Traum – jetzt – und erkenne, dass es nur ein Traum ist, indem du dir diesen Film ansiehst und ihn jetzt anhältst.“ Robin wird darauf sofort wach und wieder bedeutend ruhiger.

Sie sehen, es ist wirklich wichtig, im Falle der Angst zunächst von assoziierten Bildern auf dissoziierte Bilder umzuschalten. Wenn es jedoch um positive Träume oder Wünsche oder Ziele geht, dann ist es gerade gut, die Filme oder Bilder im assoziierten Zustand zu betrachten: aus sich selbst heraus zu sehen und große, farbige und helle Bilder mit angenehmen Gefühlen zu entwickeln.

Zurück zur Fast Phobia Cure. Was brauchen wir noch, um der Angst beizukommen? Wir brauchen gute Erinnerungen, wir brauchen Erfolgsstories. Im nächsten Kapitel wenden wir uns ausführlich dem Verankern von positiven Bewusstseinszuständen zu. Wenn ein solcher Anker installiert ist, holen wir diesen hervor, lösen ihn aus und lassen danach den „unangenehmen Film“ im Kino rückwärts laufen, bzw. wir lassen unsere Kinder eine Comicszene daraus machen, damit sie zum Lachen kommen.

An dieser Stelle bin ich Ihnen eine Erklärung schuldig. Als aufmerksamer Leser ist es Ihnen bestimmt *nicht* aufgefallen, dass in diesem Buch verschiedene Themen (TV, Herr Fröhlich, *nicht* wahr?) immer wieder aufflammen, um danach wieder in den Hintergrund zu geraten. Ich darf Sie beruhigen. Das ist *nicht unbeabsichtigt,* sondern es hat Methode. Je mehr sich die Themen ineinander verstricken, desto besser lernen Sie, was hier steht, und umso treffender können Sie die Strategien hinterher anwenden. Man nennt diese Technik *Installieren.* Was das genau bedeutet ... – wir kommen später darauf ...

Wo waren wir gerade? ... beim Fernsehen. Besonders schädlich für Kinder sind Nachrichten. Es macht keinen Sinn, mit kleineren Kindern Nachrichten anzusehen. Die Inhalte sind zu mindestens 80% negativ, für Kinder unverständlich, und die Wahrscheinlichkeit, dass Gewalt oder deren Auswirkungen gezeigt werden, ist sehr hoch. Uns allen sind schreckliche Bilder im Zusammenhang mit Nachrichten im Bewusstsein. Allen voran vermutlich die Ereignisse des 11. September 2001. Immer und immer wieder sind noch heute die Filme zu sehen, als das eine Flugzeug auf das World Trade Center zusteuert. Wie sollen Kinder mit solchen Bildern fertig werden, wenn es nicht einmal den Erwachsenen gelingt. Meine Kinder waren, wie alle Menschen an diesem Tag, verstört. Ich habe mich am 11. September dazu entschieden, meinen Kindern zu erzählen, sie sollen diesen Film rückwärts laufen lassen und sich vorstellen, wie das Flugzeug rechtzeitig umdreht und sicher wieder am Boden landet. Das war zwar gelogen, aber es war noch zu früh für die grausame Wahrheit.

Um es vorwegzunehmen: Diese Geschehnisse lassen sich nicht rückgängig machen. Für Kinder ist es jedoch passender, eine Technik anzuwenden, bevor sie den Anblick eines Flugzeuges mit diesen Bildern verknüpfen. Ich habe mich entschieden, die Wahrheit über die tatsächlichen Geschehnisse erst einmal zu verändern. Die Wahrheit über das Leid in unserer Welt, hungernde Kinder, Vertreibung und Gewalt haben in der Welt unserer Kinder nicht im vollen Umfang Platz. Wir können diese Themen unseren Kindern dann erklären, wenn sie in die dritte oder vierte Klasse gehen, dann ist es früh genug.

Ängste kommen jedoch nicht nur aus der Umwelt Ihres Kindes und seinen Wahrnehmungen darüber, sondern gleichermaßen aus Unsicherheit oder mangelndem Selbstbewusstsein. Das Kind ist ständig gezwungen, neue Umstände zu akzeptieren und sich von alten Verhaltensmustern zu trennen. Der Körper wächst ständig und lässt immer mehr Aktionsradius zu. Gestern kam das Kind noch nicht auf die Küchenarbeitsplatte, heute erreicht es diese mühelos. Ständig ändern sich die Koordinaten und die Reichweite des Körpers. Gleichzeitig wächst das Energiepotenzial ins schier Unermessliche. Oft wirkt es so, als wäre es tollpatschig, weil das Kind permanent seinem

„alten“ Körper entwächst. Fördern Sie deshalb Ihr Kind in seinem natürlichen Bewegungsdrang. Melden Sie es im Sportverein an. Das hat zwei Vorteile. Erstens lernt Ihr Kind neue Freunde kennen, zweitens kann es sich dabei austoben. Ziehen Sie dabei alle Möglichkeiten in Betracht. Ich habe kürzlich gehört, dass ein Vater in Gewissenskonflikte kam, weil sich sein Sohn für Ballett anmelden lassen wollte. Überlassen Sie Ihren Kindern die Entscheidung. Nur so können sie lernen, Verantwortung für ihr Leben zu übernehmen.

Egal, auf welche Sportart Sie sich mit Ihrem Kind geeinigt haben, es wird dadurch mehr Sicherheit über seinen ständig wachsenden Körper erhalten. Wenn Sie sich heute einmal umsehen, wie es auf unseren Schulhöfen in der Pause zugeht, werden Sie mir zustimmen, dass darüber hinaus ein Selbstverteidigungskurs für Ihr Kind sinnvoll sein kann, um die Selbstsicherheit Ihres Kindes zu unterstützen.

4.2 Klare Regeln. Anker setzen

In jeder Familie existieren Regeln. Mal sind die Regeln klar und für jeden verständlich, beispielsweise weiß jeder in der Familie, wo die Schuhe hingestellt werden. Ein anderes Mal enthalten jedoch einige Regeln verborgene Vereinbarungen und fallen schon eher unter den Begriff Kodex: Einmal lachen wir über unser Kind, wenn es sich ungeschickt zu Hause am Tisch verhält. In einem anderen Kontext, zum Beispiel auf einer hochoffiziellen Familienfeier, missfällt uns das gleiche Verhalten jedoch sehr. Nicht alle Regeln werden von Eltern gleichermaßen belohnt:
Felix war den ganzen Tag freundlich und seine Eltern sind gut gelaunt. Am Abend fragt Felix, ob er nicht noch ein bisschen aufbleiben darf. Der Vater sagt: „Ok. Weil du heute so brav warst, darfst du noch ein bisschen länger aufbleiben.“ Zwei Tage später fragt Felix am Abend wieder nach, ob er noch ein paar Minuten länger bei den Eltern bleiben kann. Felix war zwar auch heute wieder sehr brav, die Eltern sind jedoch geschafft und genervt: „Du immer mit deinen Ausnahmen, heute geht's ins Bett, und zwar jetzt!“ – „Aber ich war doch heute brav.“

Nehmen wir an, Felix war – objektiv betrachtet – aus seiner Sicht beide Male gleich „brav“, was ohnehin niemals gerecht betrachtet werden kann. Doch das Verhalten der Eltern ist aus der Sicht von Felix nicht berechenbar: Denn obwohl Felix denkt, „ich war doch heute brav“ und wurde das letzte Mal dafür belohnt, wird dasselbe Verhalten an einem anderen Tag nicht belohnt.

Kinder brauchen klare Regeln, damit sie sich zurechtfinden können und gleichzeitig genügend Freiraum spüren, innerhalb dessen sie frei agieren lernen. Als Erwachsene sind wir deshalb gefordert, beides im ausreichenden Maße zu ermöglichen und zuverlässig zu reagieren, wenn gegen Regeln verstoßen wird.

Je konsequenter wir handeln, desto besser für unser Kind. Je mehr Sie den Blickwinkel der Liebe zu Ihren Kindern einnehmen können, desto leichter können Sie anerkennen, dass Konsequenz keine Härte, sondern Liebe ist. Früher sind diese Regeln einfach despotisch beschlossen worden. Heute haben Sie die Option, sich für ein Mitbestimmungsrecht Ihrer Kinder zu entschließen. Nur wenn Ihre Kinder bei der Entstehung der Regeln für Ihr Zusammenleben teilgenommen haben, werden die Vereinbarungen auch von allen getragen.

Wie kommen wir zu solchen Regeln? Es ist wie in einer Vertragsverhandlung: Sie teilen Ihren Standpunkt Ihren Kindern mit und umgekehrt. Danach einigen Sie sich auf eine Strafe für einen Regelverstoß.

Timo kommt heute wieder zu spät zum Frühstück. Er hat heute schon zum zweiten Mal in dieser Woche vergessen, sich vor dem Anziehen seine Zähne zu putzen. Sein Pullover war mit Zahncreme verschmiert, deshalb musste er sich noch einmal umziehen. Die Mutter reagiert kühl: „Du hast nur noch wenig Zeit, um zu frühstücken, beeil dich. Außerdem möchte ich mit dir eine Vereinbarung treffen. Ich habe sehr viel Wäsche zu waschen und du könntest mir helfen, dass es weniger wird, wenn du am Morgen zuerst deine Zähne putzt und dich danach erst anziehst." – „Ja Mama, ich weiß, aber ich vergesse es dauernd." – „Was schlägst du vor, wie können wir sicherstellen, dass du rechtzeitig daran denkst?" – „Weiß ich nicht." – „Was hältst du davon, wenn ich dich jetzt am Wochenende nochmals am Morgen daran erinnere. Wenn du in der nächsten Woche wieder deinen Pullover mit Zahncreme verschmierst, musst du etwas im Haushalt erledigen." – „Ok, aber was soll ich dann erledigen?" – „Überleg dir was. Es könnte mit Wäschewaschen zu tun haben." – „Ok, Mama, dann wasche ich die Wäsche." – „Na, das ist dann vielleicht doch zu viel, aber du könntest mir beim Zusammenlegen der ganzen Wäsche helfen und eine Wäsche anschließend in den Schrank tragen." – „Das dauert ja ewig! Dann kann ich ja nie wieder spielen." – „Wir können es so machen, dass es genauso lange dauert, wie ich jeweils mit deinem Pullover beschäftigt bin – mit waschen, aufhängen, bügeln, zusammenlegen und in den Schrank tragen eine halbe Stunde. Damit hast du hinterher immer noch genügend Zeit zu spielen, einverstanden?" – „Ok, Mama."

Am Ende stehen klare Vereinbarungen, die von beiden Vertragsparteien, also Ihren Kindern und Ihnen, akzeptiert werden müssen. Lassen Sie es ruhig zu, dass Ihre Kinder Sie herunterhandeln möchten, solange das Ziel erreicht werden kann und die „Strafe" angemessen ist.

Wo Strafe ist, da muss auch Belohnung sein. In allen Erziehungsratgebern findet man die Idee des positiven Verstärkens. Positive Leistungen des Kindes und gewünschtes Verhalten sollen belohnt sein. Fehlverhalten führt dagegen nicht immer zum Tadel. So sollen Stärken gestärkt werden. Für die Kinder ist auf Dauer die Botschaft klar: Wenn du das machst, was ich (Eltern) dir sage, dann bekommst du eine Belohnung. Leider hat die Sache einen Pferdefuß: Die Anreizsysteme unterliegen einer stärkeren Inflation als die Währung einer mittelamerikanischen Bananenrepublik. War es gestern noch der Lutscher, soll es heute schon das neue Markenskateboard sein. Morgen ist es das neue Fahrrad und übermorgen wird es eine komplette Taucherausrüstung sein. Gehen Sie mal auf eine Abitur-Abschlussfeier und lassen Sie sich berichten, was heute ein gerade abgeschlossenes Abitur wert ist. Zunächst werden Sie staunen, danach sollten Sie sich mit Geldanlagemöglichkeiten für den Ernstfall beschäftigen. Noch haben Sie Zeit.

Belohnungen haben einen entscheidenden Nachteil: In dem Moment, in dem Sie zur Erreichung eines Zieles eine Belohung einsetzen, trennen Sie den Spaß von der Handlung ab. Die gesamte Aufmerksamkeit des Kindes richtet sich dann darauf, die Belohnung zu erhalten. Die ursprünglich vielleicht innere Motivation wird durch einen äußeren Anreiz ersetzt. Dies gilt nicht nur für den Bereich der Erziehung, sondern auch im Geschäftsleben. Nur wer aus sich selbst heraus handelt, kann sich an seiner Arbeit freuen. Jedes Belohnungssystem birgt die Gefahr, zu enttäuschen. Wenn man in seiner Leistung zurückfällt und die Prämie ausbleibt, ist die Demotivation groß.

Wenn Leistungsanreize nicht im gleichen Maße wie die Ziele erhöht werden, wird weniger gearbeitet. Bei Vertriebsorganisationen liegt es in der Natur der Sache, dass Mitarbeiter an ihrem Erfolg beteiligt werden. Einer meiner Seminarteilnehmer hatte sich kürzlich bitter über seinen ehemaligen Arbeitgeber beschwert. Das Prämiensystem wurde in fünfzehn Ziele unterteilt, die der Mitarbeiter erreichen sollte. Gleichzeitig wurde neu eingeführt, dass es bei Erreichung der Ziele zu einer geringeren Auszahlung als im Vorjahr kommen sollte, dafür würden überdurchschnittliche Leistungen auch zusätzlich belohnt. Die Neueinführung hatte zur Folge, dass die Vertriebsmitarbeiter nur noch den Zielen hinterherliefen und sich nicht um individuelle Kundenwünsche kümmerten. Die nächste Kundenbefragung fiel bedeutend schlechter aus als im Vorjahr. Schließlich wurde das neue Prämiensystem wieder auf das alte zurückgestellt.

In der Konsequenz dürften wir also positive Handlungen nicht monetär belohnen. Sicherlich wird es nicht einfach sein, nach diesem Ideal zu handeln. Schließlich treffen wir überall im Leben auf solche Modelle. In Schulen gibt es kleine Stempel zum Ausschneiden oder Fleißbildchen zum Sammeln.

Wir können unsere Kinder nicht vor solchen Verlockungen von außen bewahren. Allerdings können wir ihnen den Spaß erhalten, indem wir andere Methoden anwenden. Im Neurolinguistischen Programmieren erhalten wir mit der Methode des Ankerns eine effektive Strategie, gute Gefühle zu erzeugen, ohne unser „Scheckbuch“ zücken zu müssen.

Ankern? Was soll das schon wieder sein? Vielleicht ist es Ihnen auch schon einmal so ergangen. Sie laufen durch eine Fußgängerzone und plötzlich steigt Ihnen der Duft eines Parfums in die Nase, der Sie an jemanden erinnert. Sie hören ein Lied im Radio und müssen an Ihren letzten Sommerurlaub denken. Oder Sie erinnern sich jetzt gerade daran, wie erleichtert Sie waren, als Sie das letzte Mal erleichtert waren ... Eine Vielzahl solcher Verkettungen prägt unseren Alltag. Kürzlich berichtete mir die Mutter des zweijährigen Yannick: „Immer, wenn ich meine Backe auf seine lege, schläft er innerhalb von drei Minuten ein." Wie funktionieren solche Anker?

Diese Frage beantwortete der Russe Iwan Pawlow in seiner Untersuchung *Die Arbeit der Verdauungsdrüsen*, für die er 1904 den Nobelpreis erhielt. Pawlow setzte dafür einen Hund ein und ließ den Speichelfluss des Tieres beim Anblick eines Fleischbrockens messen. Nun ist es nichts Neues, dass einem beim Anblick seiner Lieblingsspeise das Wasser im Munde zusammenläuft. Das Entscheidende an diesem Experiment ist, dass Pawlow immer dann, wenn der Hund das Fleisch erblickte, eine Glocke klingeln ließ. Das wurde ungefähr 25-mal wiederholt. Danach ließ Pawlow nur noch die Glocke läuten. Der Speichelfluss war nun beinahe so, als habe sich die Glocke in saftiges Fleisch verwandelt. Eine neue Verbindung zwischen Reiz und Reaktion wurde etabliert. Der Hund hat etwas Neues „gelernt". Auf dieselbe Weise funktioniert Lernen beim Menschen. Wir hören zum ersten Mal das Wort „Power" und können so lange nichts damit anfangen, bis uns jemand die Bedeutung „Kraft" mitteilt. Eine neue Verbindung ist entstanden. Auf dieselbe Weise haben wir das rote Ampelmännchen (stehen bleiben), das Sandmännchen (Bett gehen), und Maggi-Fertig-Suppen (jetzt essen) kennen gelernt. Gerade die Werbung zielt darauf ab, ständig neue Verbindungen herzustellen: Braune, durchtrainierte und schlanke Körper vertilgen in Werbespots auf irgendwelchen Südseeinseln immer nur Eis – wir stellen daraufhin eine Verbindung zwischen Eis und Schlanksein her.

In einem der vorherigen Abschnitte habe ich Ihnen dazu geraten, Ihren Kleinen übers Haar zu wuscheln, wenn sie etwas gut gemacht haben oder wenn sie etwas geschafft haben. Auf Dauer ist ein solcher kinästhetischer Anker eine gute Möglichkeit, das Selbstbewusstsein Ihres Kindes auszubauen.

Bestimmt haben Sie sich gefragt, warum es ausgerechnet die Haare sein sollen. Die Lage des Ankers spielt keine Rolle. Wichtig ist nur, dass Sie jederzeit rankommen. Es kann auch die Schulter sein. Jedenfalls sollte die Stelle großflächig sein, damit Sie den Anker leichter wiederfinden. Und Sie sollten sich die Lage des Ankers gut einprägen, nicht dass Sie dann aus Versehen die linke Schulter mit der rechten verwechseln. Reservieren Sie diesen Anker nur für Ihre positive Reaktion. Wer Anker vermischt, zerstört seine Arbeit. Beispielsweise gibt es Paare, die sich zu allen Anlässen umarmen. Ob das Ereignis nun traurig ist oder freudig. Auf Dauer verwässert die Intension und der Anker kann nicht mehr eindeutig zugeordnet werden.

In einigen Büchern über das Phänomen ADHS rät man Eltern, ihre zappeligen Kinder festzuhalten. Das Ganze nennt sich dann Festhaltetherapie. Diese Ratgeber empfehlen, das Kind immer dann festzuhalten, wenn es ein unerwünschtes Verhalten zeigt. Die Freunde dieser Methode glauben, dass ein Kind durch Fehlverhalten auf sich aufmerksam machen möchte. Deshalb soll man kurzerhand seine Aufmerksamkeit zeigen, indem man das Kind einengt:
Der dreijährige Manuel ist genervt. Seine Mutter war längere Zeit mit ihm beim Einkaufen, sie sitzt jetzt im Straßencafé und unterhält sich seit 30 Minuten mit ihrer besten

Freundin. Dabei stört Manuel immer wieder. Spielt am Tisch herum, läuft durch die Tischgruppen und zieht alle Blicke auf sich. „Manuel, wenn du jetzt nicht brav bist, dann muss dich die Mama wieder festhalten!" – Manuel fängt zu weinen an. „Ich will heim!" – Die Mutter greift nach ihrem Kind, und hält es nun fest an sich. Es hat keine Chance gegen die Mutter, drückt sich von ihr weg und schreit.

Gerade, wenn wir hier über das Ankern sprechen, sollten wir uns darüber im Klaren sein, welche Verbindung wir bei der Festhaltetherapie zwischen Reiz (unerwünschtes Verhalten) und Reaktion (ich erdrücke dich mit meiner Liebe) herstellen.

Was passiert beim Kind? Welchen Eindruck hinterlässt Festhalten? Es gibt Behandlungsprotokolle von Psychiatern, die berichten, dass Kinder durch Festhalten ihr Verhalten ändern. Manche können nicht mal mehr geschlossene Türen oder enge Räume ertragen. Körperliche Nähe wird als Strafe empfunden. Es ist gut denkbar, dass das Kind als Erwachsener große Schwierigkeiten mit Körperkontakt bekommt.

Verstehen Sie mich bitte richtig: Hierbei geht es um Festhalten und Körperkontakt als Androhung und als Strafe. Natürlich macht es Sinn, Ihr Kind regelmäßig in den Arm zu nehmen, auch wenn es mal nervt. Immer sollte jedoch das Kind mitentscheiden dürfen, was erlaubt ist und was einengt.

Welche Anker machen nun beim Kind Sinn? Erstens ein Anker auf Erfolg. Diesen haben wir, wenn wir durch die Haare streifen (kinästhetischer Anker). Auch auditiv ist möglich. Geräusche, die wohlklingen und Ihre Kinder anstecken, um einen Gang herunterzuschalten. Ein herzhaftes und lautes Gähnen beispielsweise oder ein immer tiefer werdendes Aaaaaaaaaahhhhhh. Für unerwünschte Reaktionen bietet sich dagegen ein desinteressiertes „Ach so" an. Probieren Sie es aus, es wirkt Wunder.

Auch nonverbale Reaktionen sind sehr sublim, um zu steuern. Mimen Sie vor dem Spiegel ein enttäuschtes Gesicht und ein herzlich erfreutes. Kürzlich habe ich beim Schulfest eine Lehrerin beobachtet, die ihre gesamte Klasse nur mit nonverbalen Signalen steuerte. Es war beeindruckend, ihr zuzusehen. Da waren fast zwanzig Kinder praktisch auf Knopfdruck aufmerksam. Die Lehrerin wartete so lange, bis alle Kinder sie ansahen. Sie hob ihre Hände und alle fingen gleichzeitig zu singen an.

Im Gegensatz dazu sah ich einen Lehrer, der hektisch versuchte, seine Klasse niederzubrüllen, „damit jetzt endlich Ruhe ist".

Während die Lehrerin und die Klasse eine harmonische Einheit waren, die offensichtlich deutlich von der Lehrerin gesteuert wurde, war der Lehrer wie abgetrennt von seiner Klasse. Die Klasse und der Lehrer standen neben sich. Hier wird klar, dass wir immer dann gut führen können, wenn wir auf dem gleichen Energielevel sind oder diesen bewusst produzieren. Und uns wird das Heft aus der Hand gerissen, wenn uns dieser Kontakt verloren geht.

Nur wer stimmig reagiert, wer sich sensibel auf jede Veränderung einstellt und dabei sicher und ruhig bleibt, der kann überlegt und überlegen handeln.

Welche Methoden des Ankerns gibt es noch? Ich habe mir eine Methode von einem Vater abgesehen, den ich auf einer Wanderung kennen gelernt hatte. Als der Sohn zu ihm kam und keine Lust mehr zu laufen hatte, sagte der Vater: „Ok, ich bin deine Tankstelle." Dann imitierte der Vater das Geräusch eines lauten Mofas. Er legte seine Hand auf die Schulter des Sohnes und drückte im selben Takt darauf, wie er das Motorgeräusch beim Gasgeben imitierte. Er zog ihn damit richtig auf und als er nach kurzem Gasgeben ein langes Davonheulen ertönen lies, rannte der Sohn mit „lautem Motor" los.

Sie können sich auch selbst ankern. Ich lade Sie ein, den nachfolgenden Text sehr ruhig gesprochen und mit eingebauten Pausen auf einen Tonträger aufzunehmen und ihn danach mit geschlossenen Augen anzuhören. Dieser Text ist in Du-Form, damit er besser wirkt. Es ist ein praktisches Rezept zum Verankern Ihres eigenen Erfolges. Außerdem optimieren Sie damit die Submodalitäten Ihrer Erinnerungen.

Moment der Kraft und der Energie

Denke jetzt an den positivsten Moment in deinem Leben. Denke sehr intensiv daran, was du damals gesehen hast. War es ein Bild oder war es ein Film? Bist du in dem Bild oder siehst du dich außerhalb des Bildes? Mach das Bild größer. Das Bild deines persönlichen Erfolges oder einer besonders guten Leistung. Erinnere dich, was du damals gehört hast. Vielleicht hat jemand etwas Großartiges zu dir gesagt, sodass du dich auch ganz großartig fühlst.

Du hast damals genau gewusst, dass du das schaffst, und so war es dann auch! Sieh dir den Film nochmals an oder mach das Bild farbiger und viel größer. Nimm wahr, welchen Unterschied es macht, wenn du ein größeres, farbigeres Bild vor Augen hast, und spüre, welche Veränderung in deinen Gefühlen in positiver Richtung stattfindet. Verstärke jetzt das Gefühl in deinem Körper. Ja, es geht! Fühle dich jetzt zunächst nur fünfmal besser und jetzt zehnmal besser.

Atme tief ein, und spüre, wie sich, während deine Augen beim Lesen dieses Textes von links nach rechts wandern und du dich an dieses positive Erlebnis erinnerst, dich immer leichter und großartiger fühlst, vielleicht beschleunigt sich dein Herzschlag und vielleicht auch dein Atem, denn du kannst zu dir selbst sagen: Ich habe das geschafft!! Ich habe erreicht, was ich wollte.

Beobachte bitte genau, wo dieses gute Gefühl anfängt. Wo geht es hin? Gehe dem Gefühl nach. Beobachte genau, wo es im Körper beginnt und wo es hingeht. Wenn es aus dem Körper hinausgeht, verbinde die Stelle, wo es hinausgeht, mit einem vorgestellten unsichtbaren Schlauch und führe es dem Anfangspunkt wieder zu. Denk nun noch intensiver an das positive Erlebnis und lasse dabei mit jedem Atemzug das gute Gefühl noch stärker werden. Atme tief ein und aus. Jetzt lasse das Gefühl durch den unsichtbaren Schlauch steigen und schneller und schneller drehen – und noch schneller. Spüre, wie sich Anfang und Ausgangspunkt der Energie miteinander verbunden haben, und atme dabei intensiv ein und aus. Balle nun deine beiden Fäuste ganz fest und fühle dabei, wie deine Fäuste wie elektrisch aufgeladen werden. Gleichzeitig fühlst du dich immer schwerer und schwerer. Deine beiden Füße stehen fest auf dem Boden und es ist, als würdest du deine unermessliche Kraft tief aus dem Boden ziehen können.

Öffne jetzt wieder deine Augen und erlaube dir ein Lächeln. Du hast es dir verdient.

Und schon haben Sie all Ihre positiven Gefühle und Ihr positivstes Erlebnis in Ihrer Faust verankert. Super, dass Sie mitgemacht haben. Bitte lesen Sie diese Stelle noch mindestens ein- bis dreimal durch, ab dem letzen Absatz, damit Sie das Ankern nicht nur bei sich selbst ausgezeichnet anwenden lernen, sondern auch bei Ihren Kindern, damit sie stark werden.

Es empfiehlt sich, diese Passage wirklich auf einen Tonträger aufzunehmen. Wie überhaupt Kassetten oder Audiofiles auf CD´s hervorragend zur Selbstmotivation geeignet sind. So können Sie jederzeit Ihre eigene Tankstelle sein. Experimentieren Sie ruhig. Je mehr Sie damit spielen, desto mehr werden Ihre Ergebnisse Ihre Erwartungen übertreffen.

Wichtig ist dabei, dass Sie diese selbst produzierten Werke vor dem Zugriff anderer schützen. Schließlich sind da ganz persönliche Ziele darauf. Außerdem sollten Sie Ihre Tonträger nur zu Hause anhören, denn im Auto sollen Sie sich auf den Straßenverkehr konzentrieren.

Nochmals möchte ich das Beispiel des Haarewuschelns an einem praktischen Beispiel zeigen. Anker wirken nämlich nicht nur in die Vergangenheit, sondern auch in die Zukunft:

Tobi war sich nicht sicher, ob er heute wirklich die Schwimmprüfung für das „Seepferdchen“ machen soll. „Vielleicht kann ich dann nicht so gut tauchen oder mir geht die Puste aus beim Schwimmen.“ Der Vater streichelt ihm übers Haar, aktiviert damit den Erfolgsanker und sagt: „Bestimmt schaffst du das.“ Es verbindet sich das gute Gefühl des Erfolges als bisherige Reaktion (Response) mit dem Reiz (Stimulus), und zwar eigentlich in einer anderen Richtung als bisher angewendet. Der Erfolg der Sache wird praktisch vorweggenommen. Das gute Erfolgsgefühl steht abrufbar zur Seite und macht stark für die jetzt gefragte Aufgabe.

4.3 Rituale einführen, Gewohnheiten schaffen, den Prozess strukturieren

Nachdem wir uns nun intensiv verankert haben, ist der Grundstein für eine geführte Entwicklung Ihres Kindes gelegt. Viele Erwachsene haben die Angst, ihre Kinder entgleiten ihnen eines Tages oder wachsen ihnen „über den Kopf". Genau das sollte aber das Ziel sein. Lieber bemerken wir, auf welchem Gebiet unsere Kinder besser sind als wir, als dass wir Sie heruntermachen.

In einem Haus von Thomas Alpha Edison in Tampa, Florida, hängt auf der Veranda ein großer präparierter Fisch. Thomas Edison soll mit seinem Sohn beim Angeln gewesen sein, und als der Sohn einen größeren Fisch als der Vater angelte, sagte er: „Das ist wohl das einzige Mal, das ich etwas Größeres vollbracht habe als mein Vater." Es ist doch toll, wenn man sich in einer Familie dann darauf einigt, dass eine solche Trophäe einen außergewöhnlichen Platz bekommt.

Sicherlich gehörte Angelngehen zu den Ritualen der Edisons, wahrscheinlich am Sonntag Nachmittag. Viele Familien haben solche Rituale. Sie dienen dazu, Anhaltspunkte zu sein im Reigen des Terminfeuerwerks, welches von vielen Familien unter der Woche erledigt werden muss. Rituale stimmen einen auf die kommenden Ereignisse ein. Sie sind fixe Momente mit festgelegten Abläufen. Sie geben Halt, sind Signale oder Anker.

Es kann damit nahezu jeder Zustand erreicht werden. Schlaf, Entspannung, Konzentration für Hausaufgaben. Selbst Fußballtrainer nutzen Rituale vor Beginn des Spieles, um den Kampfgeist zu beschwören. In diesem Kapitel finden Sie eine Reihe von Anregungen, um mit Ihren Kindern optimale Ausgangspositionen für Ihre Absichten zu erreichen.

Um Ihre Kinder auf den Schlaf einzurichten, sollte es beispielsweise zuerst in die Küche gehen, um ein wenig zu trinken. Danach ins Bad. Zähne putzen, waschen und noch mal auf die Toilette. Dann kommt der Schlafanzug. Die Vorhänge werden zugezogen. Dann dürfen die Kinder erst für zwei Minuten alleine ins Bett und eine kleine, schwach leuchtende Schlaflampe anknipsen, die nur für diese kurze Zeit gedacht ist. Dadurch erhält das Kinderzimmer eine Atmosphäre, die nur vor dem Einschlafen so ist. Jetzt erzählen Ihre Kinder noch etwas und Sie fragen, ob es noch etwas zu besprechen gibt oder ob damit für heute alles klar ist. (Sie merken schon: Alles, was wir hier machen, ist Anker stapeln. So lange, bis dann in der richtigen Reihenfolge alles auf den Punkt des Einschlafens hinausläuft.) Sie können jetzt zum Beispiel sagen: „So ist es jetzt Zeit, leicht und sicher einzuschlafen." Jeden Abend den gleichen Satz. Jeden Abend die gleiche Abfolge. Jetzt können Sie Ihren Kindern Geschichten vorlesen oder erzählen. Mit dem Erzählen von Geschichten werden wir uns im nächsten Kapitel beschäftigen.

Ein weiteres Ritual kann das gemeinsame Abendessen oder das gemeinsame Frühstück am Wochenende sein. Dabei fängt das Essensritual beim Decken des Tisches bereits an. Ihre Kinder müssen dabei lernen, in logischen Prozessen zu denken. Es ist gleichzeitig eine gute Konzentrationsübung, denn es kommt ja auf Vollständigkeit an. Zuerst die Tischdecke, dann die Teller und das Besteck. Übertreiben Sie dabei ruhig ein bisschen. Ihre Kinder werden eine Freude daran haben, Kerzen aufzustellen, Blumen aus dem Garten in die Vase zu geben oder Servietten zu falten. Lassen Sie sichs gut gehen. Feiern Sie auch einmal den Tag. Schaffen Sie eine positive Atmosphäre. Umso leichter wird es Ihnen fallen, Tischmanieren zu etablieren.

Auch für Hausaufgaben gibt es Rituale. Es muss klar festgelegt sein, wann die Hausaufgaben zu erledigen sind. Der Tisch muss mit allen nötigen Utensilien präpariert werden. Sie sind gefordert, Ihr Kind auf die Hausaufgaben einzustellen.

In der Schule werden es andere Rituale sein. Hier ist Konzentration gefordert.

Der Lehrer sagt: „In einer Minute werden wir zusammen lesen. Räumt jetzt bitte alle eure Tische ab und verstaut die Sachen in den Schulranzen. Danach möchte ich, dass ihr euer Lesebuch hervorholt. (flüstert) Und das Ganze geht gaaaanz leise. Jetzt schlagt ihr hier Buch auf Seite 19 auf und dreht es um. Schließt jetzt eure Augen und schaut, wie diese tausend kleinen Sterne tanzen, wenn man die Augen geschlossen hat. Aber seht genau hin. Aus allen kleinen Sternen werden verschiedene Buchstaben. Ihr seht alle Buchstaben miteinander tanzen. Das A mit dem E und das O mit dem Z. Und weil ihr dabei immer konzentrierter geworden seid und ruhig, spürt ihr, wie einfach und leicht es euch gleich fallen wird, richtig zu lesen, wenn ihr die Augen wieder aufmacht."

Das ist doch eine schöne Einstimmung auf konzentriertes Arbeiten. Nicht nur eine Erholungsinsel im Unterricht für die Schüler, sondern auch besonders für den Lehrer. Während er die Klasse beruhigt, wird er auch selbst ruhiger und umgekehrt.

Vor großen Konzentrationsleistungen ist es zusätzlich sinnvoll, die bisher vollbrachten Leistungen heranzunehmen und Revue passieren zu lassen. Das macht Ihre Kinder stark für die neuen Herausforderungen.

Ich rate meinen Verkaufsmanagern im Seminar immer, sie sollen ein Erfolgstagebuch führen. Auch das ist ein Ritual. Jeden Abend kann der Mitarbeiter in ein Buch schreiben, was am heutigen Tag gut war, welche Erfolge er zu verzeichnen hat. Gibt es einmal nichts aufzuschreiben, so kann er im Buch lesen und sich über seine Erfolge freuen. Die gleiche Methode könnten Sie auch mit Ihren Kindern nutzen. Eine Stunde, bevor es ins Bett geht, rufen Sie Ihre Kinder zu sich und lassen sich erzählen, was heute alles passiert ist. Vielleicht basteln Sie auch eine Kollage zusammen. Nehmen Sie dazu ein großes Stück Papier, hängen es an die Wand und kleben Sie immer wieder einmal ein kleines Bild darauf, das Ihre Kinder über den Tag gemalt haben. Auf dem Bild ist je nachdem ein kleiner oder auch ein großer Erfolg zu sehen. Oder eine Erinnerung vom heutigen Tag. So kann sich jeder an die guten Momente, an die Erfolge, an das Wachstum ständig erinnern. Von Zeit zu Zeit wählen Sie aus diesem Bild gemeinsam mit Ihren Kindern die besten Augenblicke und Erfolge aus und kleben sie zusammen auf ein neues großes Papier. Der Rest kommt in eine Schachtel.

Die nächste Übung wird das Selbstbewusstsein Ihrer Kinder extrem verbessern. Nehmen Sie gemeinsam mit Ihren Kindern einen Werbespot für sich selbst auf. Alles, was das Kind gut kann, muss darauf sein. Es braucht kein zusammenhängender Text werden, es genügt, wenn Sie nach und nach einzelne Sätze mit Ihren Kleinen aufnehmen. Sprechen Sie über die guten Angewohnheiten und alles, was Ihr Kind gut kann. Es ist eine gemeinsame Unternehmung mit positivem Verstärken. Verstärkt wird jedoch nicht mit Geld oder Geschenken, sondern durch die Beschäftigung mit Ihren Kindern. Schaffen Sie sich Rituale in Ihrem Zusammenleben. Besorgen Sie sich von Zeit zu Zeit wechselnde Musik-CD's für alle möglichen Zustände: Ankern Sie mit einer speziellen Einschlafmusik, mit Aufwachmusik, Musik für Konzentration und für das Mittagessen und schaffen Sie sich unterschiedliche Plätze oder Räume für verschiedene Situationen.

4.4 Zeitlimit und eindeutige Feedbacksignale. Aus „Du bist ..." wird „Ich will ...", aus öffentlichen Bloßstellungen werden „vereinbarte Geheimsignale"

Kinder mit Aufmerksamkeitsdefiziten haben Schwierigkeiten, mit dem vorgegebenen Zeitbudget zurechtzukommen. Aufgaben werden oft nur unzureichend oder unvollständig erledigt, da das Kind zu spät mit der Aufgabe anfängt, also nicht richtig eingestimmt wurde oder zu lange an unwichtigen Details herumtrödelt. Hier ist es wichtig, die Zeitvorgabe immer wieder einzuüben und den Tag zu strukturieren. Es fällt den Kindern dann immer leichter, mit dem vorgegebenen Zeitbudget umgehen zu lernen.

Woher kommt das? Warum braucht ein Mensch für dieselbe Arbeit länger als ein anderer? Sicherlich liegt es an der Zeitwahrnehmung. Vor einigen Jahren war ich Leiter eines kleinen Lokalsenders und beriet Kunden bei der Erstellung ihrer Werbespots. Dabei waren wir gerade bei kurzen Werbespots immer wieder darüber erstaunt, wie viel Information wir da reinpacken konnten. Bei schnellen, dynamischen Kunden, die selbst durch ihre Abteilungen fetzten und ihre Anweisungen sozusagen im Telegrammstil weitergaben, passten mehr Infos in einen Spot. Dagegen war der Wortanteil bei den gemächlichen Klienten geringer.

Das Phänomen lässt sich jedoch von innen heraus steuern. Sie müssen dazu einfach die innere Uhr umstellen. Von Richard Bandler habe ich auf einem Seminar in London ein schönes Beispiel dazu erhalten. Stellen Sie sich vor, Sie fahren auf einer Autobahn mit mindestens zweihundert Stundenkilometern. Die Begrenzungspfähle fliegen in rasender Geschwindigkeit geradezu an Ihnen vorbei. Gleichzeitig sehen Sie auf das Armaturenbrett und bemerken, wie der Sekundenzeiger der Uhr ganz langsam und deutlich sichtbar seine Position verändert. Ihre Konzentration nimmt erheblich zu.

Sie kennen das. Beim Autofahren haben wir oft mit dem Phänomen zu kämpfen – gerade auf Autobahnen. Wenn wir längere Zeit mit hoher Geschwindigkeit unterwegs sind, dann kommt uns die Fahrt mit sechzig Stundenkilometern an einer Baustelle plötzlich als Schneckentempo vor. Wenn wir aber in der Innenstadt auf einer engen Straße fahren, kann uns sechzig als rasend schnell vorkommen.

Die Frage, die sich stellt, ist also: Wie wirklich ist das, was wir gerade wahrnehmen? In beiden Fällen wird eine objektiv gemessene Geschwindigkeit als rasend schnell oder als Schneckentempo empfunden. Wenn Sie Ihre Kinder zu schnellerem Handeln führen wollen, brauchen Sie zunächst Geduld, sonst fangen Ihre Kinder an zu mauern. Holen Sie sich ins Bewusstsein, was Sie über Pacing gelesen haben. Holen Sie Ihre Kinder in dem Tempo ab, in dem Sie gerade verloren sind. Übernehmen Sie dann mit Ihrer eigenen Geschwindigkeit die Führung. Sprechen Sie zum Beispiel einen Satz zunächst langsam und reden dann immer schneller weiter.

Auf dieselbe Weise, nur umgekehrt, können Sie Kinder auch beruhigen:
Kajo ist auf dem Kindergartenausflug. Die Kinder müssen für zehn Minuten auf dem Bahnsteig warten. Kajo kann nie ruhig sein. Ständig muss er zappeln. Auf dem Bahnsteig ist es gefährlich. Die Kindergärtnerin hat Angst, dass er aufs Gleis fällt. Alle Ermahnungen führen nur dazu, dass er sich noch mehr darüber „freut", dass heute Ausflug ist.
Die Kindergärtnerin ändert ihre Strategie. Zuerst bewegt sie sich wie Kajo. Imitiert ihn fast, ohne ihn jedoch lächerlich zu machen. Dann sagt sie: „Warst du schon einmal auf dem Mond?" – „Nein." – „Auf dem Mond, da ist man ganz ruhig und schwerelos, schau so." Die Erzieherin imitiert einen „Spaziergang" auf dem Mond. Mit langsamen Bewegungen führt Sie Arme und Beine immer ruhiger. Gleichzeitig redet Sie in immer langsamer werdendem Tempo auf Kajo ein: „Spür mal, wie ruhig es auf dem Mond ist, da geht alles gaaaaaanz laaaangsaaam." Kajo macht es der Kindergärtnerin nach und bewegt sich wie ein Astronaut im Raumanzug.

Sie sehen, es kommt eben auf Sie an. Und auf die Bilder, die Sie entwickeln. Sie könnten an dieser Stelle auch erzählen, dass die Füße mit einem riesigen Kaugummi auf den Boden geklebt wurden. Oder dass sich das Kind so bewegen soll, als ob es bis zum Hals in einem Honigtopf wäre. Kürzlich habe ich von einem Spiel gehört, welches sich gerade auf Kindergeburtstagen sehr gut eignet, um die Kinder zwischendurch wieder auf Normalniveau einzustellen. Es wird beim Essen gespielt: Einer fängt an und hat die Auswahl zwischen verschiedenen Personen bzw. Tieren oder Gegenständen, die er beim Essen darstellen darf: feine Dame (übertrieben affektiert mit hochgezogener Nase), Feuerwehrmann (biltzschnell), Schnecke (gaaaanz langsam), Schweinestall (ohne Hände). Jeder ist reihum einmal dran und darf zuerst spielen, dann müssen es ihm die anderen Kinder nachmachen. Das mit der Schnecke spielt sich dadurch regelmäßig ein, und die Kinder stellen sich dabei immer wieder auf ruhig ein. Sie sehen, es gibt eine Reihe von Alternativen, den Kindern ruhige Zustände nahe zu bringen. All diese Bilder animieren zur Langsamkeit.

Wenn Sie den Eindruck haben, Ihr Kind ist zu langsam, testen Sie zunächst bitte, ob dieser Eindruck auch in der Wahrnehmung anderer so besteht. Danach ist wichtig, Ihrem Kind so schnell wie möglich eine neue Zeitwahrnehmung zu installieren. Lernen Sie Ihrem Kind frühzeitig die Uhr. Stellen Sie dann gemeinsam überall Uhren auf. Nehmen Sie ablaufende Uhren wie Küchenuhren und Sanduhren, um Ihr Kind mit Zeitlimits vertraut zu machen.

Sehen Sie das Ganze sportlich! Ich habe eines im Leben festgestellt: Auf den Sportgedanken lässt sich jeder Mensch ansprechen. Selbst die lahmsten Verkaufsabteilungen können Sie zur Erreichung der Umsatzziele anspornen, wenn Sie den Sportsgeist wecken. Gehen Sie gemeinsam zu Sportveranstaltungen, wo es um Schnelligkeit geht: ein Schwimmwettkampf, ein Zeitrennen oder eine Skiabfahrt. Erleben Sie das Gefühl, wie das ist, der Schnellste zu sein. Feiern Sie gemeinsam die Sieger.

Es wird die Zeitverschiebungen zwischen Ihnen und Ihrem Kind nivellieren, da Sie mehr Zeit miteinander verbringen. Außerdem wird Ihr Kind plötzlich Gefallen daran finden, alles ein bisschen schneller zu machen. Bitte verzichten Sie auch hierbei wieder auf materielle Belohnungen. Der Sportler wird von innen heraus dazu angetrieben, der Schnellste zu sein, nicht vom Applaus oder von der hohen Bezahlung. Ein Sportler, der nur für Geld antritt, hat seinen Willen zum Erfolg an der Kasse abgegeben!

Ich kann mich noch an meine Prüfungen erinnern. Ich versuchte ständig, mein eigenes Zeitleck in den Griff zu bekommen. Schließlich befestigte ich einen kleinen Zettel auf meiner Armbanduhr. Auf dem Zettel stand: „Schneller!“ Sie können das bei Ihren Kindern nutzen. Kaufen Sie Ihren Kindern eine Uhr mit Stoppfunktion und schreiben Sie mit Folienstift ein solches Ankerwort (schneller, hopp, auf geht’s!) darauf! Sie werden sehen, wie das wirkt.

Sehr wichtig ist jedoch, dass Sie Ihre Kinder im angemessenen Maße fordern. Wenn Sie übertreiben, wird das Kind „zumachen“. Es darf sich nicht überfordert fühlen. Sonst ist es frustriert, fängt vielleicht an zu weinen, und die Abwärtsschraube der schlechten Gefühle dreht sich. Ermutigen Sie Ihr Kind, mit aufbauenden Anerkennungen, statt es platt anzutreiben. Passen Sie genau auf! Sie erkennen schnell, ob Sie den Prozess sensibel genug steuern. Sie haben die größtmögliche Einstimmung auf Ihr Kind erreicht, wenn es immer genau so schnell ist, wie es wirklich kann.

Schritt für Schritt

Damit komplexere Aufgaben nicht aus dem Zeitlimit fallen, sollten Sie diese in kleinere, überschaubare Zeitabschnitte zerlegen. Bei Hausaufgaben oder Fleißaufgaben zur Vorbereitung auf Prüfungen geht das noch einfach. Stellen Sie einfach eine Sanduhr zur Verfügung. Wenn Ihr Kind Schwierigkeiten damit hat, das Zeitlimit bei Schulaufgaben einzuhalten, besprechen Sie sich mit der Lehrkraft und lassen Sie sich ähnliche Prüfungsaufgaben geben. Dann üben Sie solche Tests zu Hause und stellen Sie dabei die Uhr.

Bei praktischen Aufgaben hilft es, Ihre Kinder gezielt anzuleiten. Beispielsweise beim Aufräumen. Hier besteht sonst die Gefahr, dass sich Ihr Kind verzettelt. Statt den roten Lastwagen auf das Regal zu den anderen zu stellen, wird damit herumgespielt. Oder dem Kind fällt plötzlich ein, dass der gerade unter dem Bett entdeckte Legozug keine Batterien mehr hat, und es muss dringend in den Keller und welche holen. Dort sieht es die Werkbank und ihm fällt ein, dass der Papa doch Nägel gebraucht hat, um das Vogelhäuschen gemeinsam fertig zu stellen ...

Sie müssen die Aufgabe untergliedern und dürfen dabei keine Abschweifungen akzeptieren. Zunächst bringen Sie Ihrem Kind bei, selbst klare Anweisungen vor sich herzusprechen. Dies geht, wenn Sie gemeinsam aufräumen, wobei Sie sich an der Stelle befinden, wo die Sachen hingehören, und das Kind die Spielsachen bringt, die zusammenpassen: „Zuerst alle Playmobil-Spielsachen.“ „Gut, jetzt stellen wir alle Stofftiere zusammen. Danke. Jetzt bleibt nur noch die Eisenbahn.“ Später können Sie auch dazu übergehen, eine kleine Tabelle zu malen, die das Kind abhaken kann, damit Sie nicht ständig dabei sein müssen. Das Ziel ist immer, dass Sie Ihr Kind zu selbstständigem Handeln anleiten.

Eindeutiges Feedback

Wir haben Ankern bereits als Feedbackmethode kennen gelernt. Wenn wir Zeitbudgets unserer Kinder optimieren möchten, ist diese Feedbackmethode von großer Wichtigkeit. Je schneller und je eindeutiger Rückmeldungen gegeben werden, desto wirksamer können Sie damit führen. Auch wenn Sie mit ständigem Ankern Gefahr laufen, sich selbst zu reproduzieren, muss es Ihnen gelingen, jederzeit sensibel auf die Leistungen Ihrer Kinder zu reagieren. Außerdem müssen Gesichtsausdruck und Aussage zusammenpassen. Sie können sich nicht einerseits über ein tolpatschiges Verhalten vor Lachen in der Luft zerreißen und dann lächelnd schimpfen. Wiewohl es nicht geht, dass man Ihnen Ihren Ärger ansieht und Sie die Situation zu vertuschen suchen. Bleiben Sie authentisch und berechenbar in Ihren Reaktionen. Jetzt kommen wir darüber hinaus auf die Inhalte des Feedbacks zu sprechen.

Zugegeben, es ist eine große Herausforderung, bei Fehlverhalten unserer Kinder nicht gleich laut loszuschreien, sondern gelassen zu reagieren. Jedenfalls ist es die förderlichere Methode, ruhig zu bleiben. Dazu sollten Sie sich manchmal einfach einen dissoziierten Zustand wählen. Umgekehrt ist es aber meist der dissoziierte Zustand, der Kinder zum Fehlverhalten führt. Kinder können grundsätzlich unterscheiden zwischen dem „Ich" und „mein Verhalten".

Beides kann losgelöst voneinander sein. Kinder, die mit ihrem eigenen Verhalten konfrontiert werden, sind oft beschämt. Sie können sich nicht erinnern, dass sie sich eben noch im Sandkasten mit Sand beworfen oder sich schreiend im Gras gewälzt haben. Solches Verhalten ist ein eindeutiges Anzeichen für dissoziierte Wahrnehmung. Wie bekommen wir Mensch und Wahrnehmung wieder zusammen?

Es gibt verschiedene Möglichkeiten. Wenn es Ihnen nicht zu viel ist, können Sie das Verhalten Ihres Kindes imitieren. Dabei sollten Sie möglichst exakt sein, ohne zu übertreiben oder das Kind der Lächerlichkeit preiszugeben. Nicht, dass andere Kinder darüber lachen, sonst ist es in die Ecke des Klassen-Kaspers gedrängt. Und Sie möglicherweise auch.

Die nächste Möglichkeit ist, in ruhigem sachlichen Ton zu beschreiben, was es gerade macht, um ICH und MEIN VERHALTEN wieder zusammenzubringen: „Du bewirfst dich gerade mit Sand." – „Du wälzt dich gerade auf dem Boden."

Wir haben an früherer Stelle über die Fast Phobia Cure gesprochen. Dieser Prozess geht natürlich auch andersherum. Sie können Ängste auch installieren. Erschrecken Sie Ihr Kind, wenn es etwas Unpassendes macht. Dazu müssen Sie nur schnell genug und sehr präzise sein. Zum Beispiel zeigen Sie in dem Moment, indem es sich auf den Boden wirft, auf diese Stelle, als ob da ein Gegenstand liegen würde, und tun mit einem sehr lauten Schrei so, als würden Sie selbst erschrecken. Es wird zögern, das Gleiche nochmals zu machen.

Aus „Du bist ..." wird „Ich will ..."

Wir unterliegen alle dem gleichen Fehler. Wir wollen ein Verhalten verändern und sagen: „Du bist immer so langsam." Merken dabei aber nicht, dass wir mit unserer Äußerung den Zustand gleichzeitig installieren. Je häufiger wir mit dieser Formulierung arbeiten, desto mehr wird sich das ungewünschte Verhalten verstärken, statt dass es sich in Wohlgefallen auflöst.

Sagen Sie doch einfach, was Sie wirklich wollen, und nicht, was Sie gerade bemerkt haben. Sollten Sie jetzt denken, gerade wurde ich darauf hingewiesen, das Verhalten zu beschreiben (du bewirfst dich gerade mit Sand) ... und jetzt soll ich das doch nicht tun ...

Achten Sie genau auf den Unterschied. Es gibt einen Unterschied, ob Sie sagen: „Du wirfst dich gerade auf den Boden; ich möchte, dass du jetzt aufstehst!" – also beschreiben, was gerade passiert, erweitert um das Verhalten, welches Sie jetzt erwarten. Oder ob man einen Vorwurf daraus macht: „Du sollst dich nicht auf den Boden werfen, du führst dich auf wie ein kleines Baby!"

Statt zu sagen:	*Sagen Sie lieber:*
➜ Du bist wie ein Baby!	Ich möchte, dass du ruhig bist.
➜ Du bist immer so grob!	Ich will, dass du sanft damit umgehst.
➜ Du bist langsam.	Ich will dir helfen, dass du schneller wirst.
➜ Du bist zu dumm.	Ich möchte, dass du das lernst.
➜ Du kannst das noch nicht.	Ich werde dir das beibringen.

Je konstruktiver Sie argumentieren, desto leichter wird Ihr Kind seine eigenen Ziele erreichen können. Mit Anschuldigungen stehen Sie sich selbst im Weg – sie führen zu nichts, sie blockieren nur das Lernen.

Streichen Sie dabei auch gleich WARUM aus Ihrem Wortschatz. „Warum kannst du das noch nicht? Warum ist deine Hose schmutzig?" Die Frage zielt darauf ab, dass unser kleines Gegenüber sich rechtfertigt, damit auch Entschuldigungen für das Fehlverhalten in äußeren Umständen sucht, statt sich der Frage zuzuwenden, wie das Fehlverhalten vermieden werden kann.

Dreiteilige Ich-Botschaft

Eine weitere Methode für klares Feedback ist aus dem Führungskräftetraining für Vorgesetzte bekannt. Wenn Mitarbeiter Fehlleistungen erbringen, wird hier empfohlen, so genannte dreiteilige Ich-Botschaften zu formulieren. Das hört sich so an: „Sie kommen nun schon das dritte Mal in dieser Woche zu spät, das hat zur Folge, dass sich die Schalterkunden beschweren, und das enttäuscht mich." Sehen wir den Satz genauer an:

Erster Teil: (Beschreibung)	„Sie kommen nun schon das dritte Mal in dieser Woche zu spät, …"
Zweiter Teil: (Folgen)	„… das hat zur Folge, dass sich die Schalterkunden beschweren, …"
Dritter Teil: (negative Gefühle)	„… und das enttäuscht mich."

Zugegeben, das ist Erziehung durch Feedback mit erhöhtem Schwierigkeitsgrad. Gleichzeitig ist dies eine sehr wirksame Rückmeldemethode. Das Kind kann mit dieser Art der Formulierung klar die Folgen des Fehlverhaltens erkennen, und Sie lernen dabei, Ihre Gefühle deutlich zu kommunizieren. (Dabei können auch Ihre Kinder und Ihr gesamtes Umfeld profitieren.) Nun, wie kann man sich die exakte Abfolge merken? Prägen Sie sich das folgende Satzschema ein: „Du machst ... (Beschreibung), das hat zur Folge ... (Auswirkungen) und ich fühle mich ... (negative Gefühle).

Sie werden merken, daß es *nicht* leicht ist, im Falle eines Falles genau so zu reagieren. Mit ein bisschen Übung geht Ihnen das aber bald in „Fleisch und Blut" über und Sie haben eine neue Alternative bekommen, noch gelassener und vorbereiteter auf die Situationen zu reagieren, die sich Ihnen täglich in den Weg stellen. Nun ist der Weg frei für überlegtes Handeln. Da Sie diese Fälle im Kopf bereits einmal durchgespielt haben, können Sie anhand der Sprachmuster nun viel zielgerichteter argumentieren. Sie werden den Kopf frei haben, um sich ganz auf die optimale Lösung zu konzentrieren.

Geheime Zeichen

Geheimsignale sind gerade dann wichtig, wenn man Gefahr läuft, Kinder vor anderen maßregeln zu müssen. In der Schule vor den Kameraden oder auf einer Einladung bei Freunden. Nicht, dass es für Sie oder für Ihr Kind peinlich wäre, Ihre Auseinandersetzung öffentlich zu machen. Oftmals birgt die Auseinandersetzung in der Öffentlichkeit das Problem, dass das Kind mauert. Wenn es einmal nicht mehr reagiert, ist es nicht leicht, die Situation wieder in den Griff zu bekommen. Es passieren unvorhergesehene Dinge. Fremde mischen sich ein, andere Kinder beginnen es auszulachen und Ihr Kind ist als Kasper oder der Bösewicht in eine Ecke gedrängt. Eine Situation, aus der es nicht leicht wieder heraus kann.

Wie können solche Geheimsignale aussehen?

Kenan ist während des Unterrichts immer wieder mit seinen Schulsachen beschäftigt. Mal spielt er mit dem neuen Lineal herum, dann blättert er irgendwo im Buch und träumt. Der Lehrer hat die Wahl. Entweder ruft er ihn immer dann auf, wenn er merkt, dass Kenan nicht bei der Sache ist, und hat damit die Lacher auf seiner Seite. Oder er vereinbart mit dem Kind nach der Schule, ohne die anderen Kinder, ein Geheimsignal: „Kenan, ich merke, du bist immer wieder unaufmerksam. Wenn ich dich vor den anderen ermahne, dann werden die anderen Kinder über dich lachen. Was hältst du davon, wenn wir ein Geheimsignal vereinbaren, welches nur du und ich kennen?" – „Was meinen Sie?" –
„Wenn du das nächste Mal wieder mit deinen Schulsachen herumspielst, nehme ich dich am Arm und lege ihn ruhig auf den Tisch. Außerdem werde ich dir im Buch oder an der Tafel die Stelle zeigen, an der wir gerade sind. OK?" – „Na gut. OK." – „Das Gute daran ist, dass du schneller wieder in den Unterricht zurückfindest. Du willst doch weiterhin gut mitmachen, oder?" – „Na klar."

Der Lehrer hat sich für Geheimsignale entschieden und hat nun eine Wahlmöglichkeit mehr, um auf das Verhalten von Kenan zu reagieren. Er kann nun wortlos einen Gegenstand wegnehmen, mit dem Kenan gerade beschäftigt ist. Er kann ihm wortlos die Stelle zeigen, wo der Rest der Klasse sich momentan im Buch befindet, und gewinnt damit eine zusätzliche Kommunikationsebene mit dem Kind.

Genauso können Sie das bei einer Familienfeier machen. Statt zu sagen, „Manuel, wenn du dich wieder so aufführst, dann muss dich die Mama wieder so lange festhalten", sagen Sie nun: „Manuel, weißt du, wo wir heute hinfahren?" – „Ja, wir fahren zur Oma." – „Genau, die Oma hat heute Geburtstag, und es kommen sehr viele Leute." – „Wer kommt da alles?" – „Das erzähle ich dir gleich. Ich möchte mit dir heute auf der Feier ein Spiel spielen – was hältst du davon?" – „Welches Spiel spielen wir?" – „Wir probieren etwas Neues aus. Immer, wenn ich mit der Zunge schnalze, dann weißt du, dass etwas nicht in Ordnung ist. Dann muss ich nicht vor den anderen schimpfen."

Die genannte Methode, die das ICH und MEIN VERHALTEN wieder zusammenbringt, hat sich gerade in diesem Zusammenhang bewährt. Hier kann man auch variieren, indem man das Kind auffordert, sich selbst zu instruieren. Eine Art Selbstgespräch im internen Dialog: „Ich bin gerade aufgefallen, ich werde jetzt ruhig bleiben."

4.5 Ruhe weitergeben und Freiräume schaffen

Wir können die Führung über andere nur dann behalten, wenn wir in anderen Menschen die Zustände produzieren, die wir in uns selbst geschaffen haben. Ein Verkäufer kann nur dann wirklich erfolgreich sein, wenn er im innersten seines Herzens an die Produkte oder Leistungen glaubt, die er verkauft. Ein Lehrer kann nur so gut sein, wie das Wissen, das er vermittelt. Ein Heilpraktiker ist nur dann erfolgreich, wenn er sich mit der Materie, dem Geist und dem Wesen der Krankheit intensiv auseinander setzt und echte Liebe zu den Wirkungen seiner Mittel und Methoden entwickelt. Es muss ein *inneres Feuer* brennen. Die Begeisterung muss sprühen und für alle anderen spürbar sein, wenn Sie jemanden für eine neue Idee gewinnen.

Ebenso ist es mit der Ruhe: Sie werden die gewünschte Ruhe nur erreichen, wenn es Ihnen gelingt, in Ihnen eine eigene Ruheinsel zu schaffen, die für Sie jederzeit verfügbar verankert ist – und die so stark wirken kann, dass Sie selbst völlig gelassen und entspannt sind. Dann können Sie diese Zustände auch bei Ihren Kindern oder beim rasenden Chef anwenden. Wenn Sie diesen Zustand bei sich anlegen können, werden Sie in Ihrer Umgebung zum Ruhepol. Bestimmt haben Sie auch das Bild vom Orkan im Kopf, der in der Mitte, ganz zentriert, absolute Ruhe beherbergt. Das Auge des Orkans ist das Ziel, wenn es für Sie darum geht, das hyperaktive Chaos zu überblicken.

Wir brauchen jetzt genau diesen Zustand, jederzeit abrufbar verankert, um weiterarbeiten zu können. Ich werde nun wieder in der Du-Form schreiben, damit Sie den Text leichter auf einen Tonträger übertragen können.

Überlege dir also, wann warst du das letzte Mal vollkommen ruhig. Welche Bilder oder Filme fallen dir dazu ein? Kannst du diese Ruhefilme farbiger machen und größer? Wie war das, absolute Ruhe zu fühlen? Wie erleichtert warst du? So erleichtert wie jetzt, weil du weißt, dass du bereits eine Menge Arbeit hinter dir hast, auf deinem Weg, besser mit deinen Kindern zu kommunizieren. Oder ist es noch viel leichter, fast schwerelos, wie du dahingleitest zur Insel der absoluten Ruhe? Wo ist dieser Ort in dir? Wie schnell kann sich dieser Ort absoluter Ruhe in dir ausdehnen?

Lass völlig los, während deine Augen von links nach rechts lesen, und spür, wie du es dir noch bequemer machst, weil du das liest. Genieße dein Gespür für absolute Ruhe an diesem Ort in dir und bringe das Gefühl von dem Punkt des Entstehens bis kurz unter die Haut. Gerade so, als würde diese Ruhe in dir explodieren können. Du kannst das Gefühl noch intensivieren, indem du dir vorstellst, wie deine Füße sich fest mit dem Boden verbinden und sich tief in den Boden verwurzeln, dort, wo sie gerade stehen. Fühle, wie angenehme Wellen der Entspannung von tief aus der Erde durch dich hindurchwirken und diese Ruhe nun über deinen Körper hinaus den ganzen Raum erfasst. Der ganze Raum ist voll innerer Ruhe und Frieden. Angenehme Wellen der Entspannung erfassen dich mit jedem Atemzug.

Atme tief ein und aus.

Und weil du weißt, jetzt ist es Zeit, tiefer und tiefer zu sinken, spürst du ein kleines Lächeln in dir, weil du dir sicher bist, dass du diesen Weg absoluten Wohlgefühls gerne gehen wirst, je öfter du diese Übung machst. Gib dir noch einen Moment der Ruhe und intensiviere dieses ruhige Gefühl. Wähle dir dann einen neuen Anker aus, um das Gefühl positiv zu verankern. Und komme dann wieder zum Hier und Jetzt zurück.

Sie sehen, wenn Sie diese absolute Ruhe in sich verankert haben, haben Sie gute Voraussetzungen, um sich zum Auge des Orkans zu machen, wenn es mal hektisch wird.

Prägen Sie sich diesen Zustand genau ein und machen Sie die Übung mehrmals hintereinander, um sich immer wieder noch tiefer und tiefer ruhig zu stellen. Sie werden sehen, wenn Sie über diesen Ruhezustand auf Knopfdruck verfügen, strahlen Sie aus jeder Pore Ihres Körpers gelassene Überlegenheit aus. Dafür wird man Sie beneiden. Wenn Sie mit dieser Ruhe am Abend in das Kinderzimmer gehen und Geschichten erzählen oder vorlesen, werden Ihre Kinder Sie auch jeden Abend rufen und sich von Ihnen über die Schwelle des Schlafes bringen lassen wollen.

Das Beispiel mit den Füßen, die Wurzeln schlagen, habe ich von einem Reiki-Lehrer gelernt. Er benutzt diese Technik, um Menschen von allerlei Krankheiten zu heilen. Es steht mir nicht zu, über die Vor- oder Nachteile von Reiki zu werten. Nach unserem Modell des Realitätstunnels liegt hier ganz objektiv analysiert ein Glaubenssystem zugrunde, welches bei vielen Menschen große Wirkungen zeigt. Wissenschaftlich konnte diese Methode bis heute nicht eindeutig nachgewiesen werden. Sei es, wie es sei. Sie können jedenfalls selbst beurteilen, inwieweit es Ihnen geholfen hat, ruhiger zu werden. Außerdem ist an dieser Stelle klar, dass absolute Ruhe nicht nur ein schönes Ankerwort ist, sondern auch der Zustand, mit dem wir gelassene Überlegenheit ausstrahlen.

Überhaupt ist gesunde Gelassenheit ein guter Grundzustand, um durch das Leben zu gehen. Wir machen uns viel zu oft verrückt. Dr. Richard Carlson hatte vor einigen Jahren einen Bestseller dazu verfasst: *Alles kein Problem.* Wenn Sie vom Typus her ein Hektiker sind, rate ich Ihnen, dieses Buch zu lesen. Es ist voll von praktischen Ideen, jeden Tag noch mehr zu entspannen und sich frei zu machen von allen einengenden Einstellungen.

Wir sollten unsere Kinder auch nicht ständig vor allem so genannten „Unheil" bewahren wollen. „Das Kind könnte hinfallen." „Lara ist noch zu klein zum Treppesteigen." „Tim darf noch nicht Sandspielen, außerdem wird er dabei schmutzig." Das lähmt uns und unsere Kinder nur. Lösen Sie sich vom Gluckenverhalten. Ich selbst war am Anfang meinen Kindern gegenüber auch so vorsichtig. Ständig hatte ich Angst, es könnte etwas passieren. Meine Frau dagegen hatte die Kinder von Anfang an in den Tagesablauf einbezogen. Jede Hausarbeit wurde gemeinsam erledigt. Von klein auf durften die Kinder beim Backen den Teigmixer unter Aufsicht bedienen. Es wurde zusammen abgespült (nicht die teueren Teller, aber alle anderen). Gläser wurden immer wieder beim Einschenken umgekippt, wenn die Flaschen zu schwer zum Halten wurden. Aber auch aus Fehlern können wir lernen.

Wir haben alle diese Erfahrungen selbst gemacht, und wir sollten auch unseren Kindern die Chance geben, Fehler zu machen. Und Sie als Eltern lernen dabei gleichermaßen, *fehlertolerant* zu werden. Sie können den Grad Ihrer eigenen Gelassenheit unmittelbar an Ihrer eigenen Fehlertoleranz ablesen.

Schaffen Sie für Ihre Kinder einen eigenen Bereich, in dem sie für sich selbst etwas experimentieren können. Etwas basteln oder bauen oder einfach nur mit Farben matschen oder kneten. Ich war als Kind mit meinen eigenen „künstlerischen" Arbeitsergebnissen nie richtig zufrieden, da ich nicht fein genug arbeiten konnte. Zu groß war die Aufregung über all die vielen Farben und das Glück, im Unterricht malen zu dürfen. Erst als Erwachsener, als ich begann, die Dimensionen zu vergrößern und größere Bilder malte, bin ich mit meinen Werken einverstanden. Ich musste mich dazu nur vom größten Format, welches die Schule vorsah, dem DIN-A3-Zeichenblock verabschieden. Seitdem male ich auf großen bespannten Leinwänden.

Kinder müssen lernen, mit Werkzeugen umzugehen. Wenn Sie einen Garten haben, dann haben Sie ideale Voraussetzungen. Geben Sie Ihren Kindern nicht nur Spielwerkzeug in die Hand, sondern Ihren eigenen Spaten. Damit kann man größere Löcher buddeln, und Ihr Kind kann seine grobe Kraft dosieren lernen. Lassen Sie Ihre Kleinen durchaus mal alleine machen. Sprechen Sie Regeln ab und definieren Sie Freizonen, wo Ihre Kinder tun können, was ihnen gefällt. Wenn es Ihnen am Anfang zu toll wird, spielen Sie eine Weile noch die Aufsicht und steigern Sie die Zeit Ihrer Abwesenheit langsam. Je natürlicher Sie mit der neu gewonnenen Selbstständigkeit Ihrer Kinder umgehen, desto mehr Eigenverantwortung können Ihre Kinder entwickeln.

Das ist die Basis für eigengesteuertes Suchen nach Fähigkeiten und verborgenen Talenten Ihrer Kinder. Lassen Sie ihnen Freiraum für ein eigenes Hobby. Unterstützen Sie Ihre Kinder dabei angemessen und mischen Sie sich nicht zu sehr in das Hobby ein, sonst wird es wieder zu sehr von Ihnen abhängig und Lob und Belohnung ziehen in dieses Gebiet mit ein. Das Kind wird aus sich selbst heraus das „Wollen" lernen.

Ich habe bereits in den ersten Kapiteln über Freiräume und deren Bedeutung bei der Erziehung geschrieben. Bei Konflikten dient es auch dazu, wie bei einem Computer, für sich nochmals die Reset-Taste zu drücken, um einen Neustart zu ermöglichen. Matsch-Ecken können auch Auszeiträume sein, in die Kinder sich zurückziehen können, um ihre Emotionen in Farben und Bilder zu verwandeln und damit z.B. einen Synästhesiewechsel zu erreichen. Lassen Sie sich einfach überraschen, was alles Neues passiert, wenn Sie Ihre Kinder dazu anregen, bei einem Streit erst einmal in eine solche Bastelecke zu gehen.

„Melanie geht immer wieder in ihre Bastelecke, wenn sie sich ärgert. Jetzt macht sie das sogar schon, ohne dass ich etwas sage", erzählte mir ihre Mutter, der ich den Tipp mit dem Trostbereich gegeben hatte. Melanie war eine Zeit lang sehr aggressiv zu anderen Kindern. Wenn sie sich ärgerte, schaukelten sich die Emotionen so lange hoch, bis Melanie wild um sich schlug. Es war wie ein Zwang. Dass Melanie jetzt selbst Ruhe sucht, ist ein Zeichen dafür, wie sehr sie sich selbst nun im Griff hat. Sie hat über die Anleitung ihrer Mutter neue Alternativen zum bisherigen Handeln entwickelt.

Astrid Lindgrens *Michel aus Lönneberga* ist hier vielleicht ein guter Vergleich. Er schnitzte ein ganzes Figurenkabinett in seinem Holzschuppen, während er gleichzeitig über seine Fehler nachdachte. Viele Künstler nutzen ihre Emotionen als innere kreative Urquelle.

5. Der Bogen zwischen Anspannung und Entspannung

Wir haben bisher zahlreiche Fragestellungen miteinander erarbeitet, und langsam werden Sie sehen und spüren, dass alle Informationen unmittelbar auf einen Punkt zusteuern. Sie haben im letzten Kapitel eine Reihe von Kommunikationswegen kennen gelernt, um besser miteinander zu reden. Jetzt, im vorletzten Teil, beschäftigen wir uns mit Anspannung und Entspannung. Damit ist es wie mit den Saiten einer Konzertgeige. Wenn die Saiten kaum gespannt sind, wird die Geige keinen Ton von sich geben. Sind die Saiten zu verspannt, tönt die Geige zu hoch, und die Saiten reißen leicht. Echter Wohlklang liegt genau dazwischen.

Sie werden nun lernen, bei sich selbst und bei Ihren Kindern genau diese Bewusstseinszustände zu konstruieren. Wir werden uns mit der bewussten Veränderung unserer Wahrnehmung, mit Trance, einer Art „Hypnose", befassen.

5.1 Welcher Zustand für welche Situation? Konzentration, Entspannung

Das ist eine Frage, die nicht leicht zu beantworten ist. Normalerweise würde man sagen: Entspannung immer dann, wenn das Kind ruhig sein soll, und Konzentration immer dann, wenn es um Lesen oder Rechnen geht.

Was aber, wenn Entspannung und Konzentration ganz nah nebeneinander liegen, oder sogar zusammengehören?

Es gibt unterschiedliche Theorien über das Stimulationsniveau der Kinder. Professor Sydney Zentall hat in Studien nachgewiesen, dass Kinder, bei denen ADHS diagnostiziert wurde, geradezu nach Stimulation durch neue Reize verlangen. Es wurde festgestellt, dass diese Kinder selten sprechen, wenn Sie dazu aufgefordert werden. Dagegen plappern sie unentwegt, wenn sie still sein sollen. Die Forscherin setzt sich deshalb für stark reizende Klassenräume ein, empfiehlt Rockmusik zum Lernen und logisch strukturierenden Einsatz von Farben. In Studien erbrachte sie den Nachweis, dass hyperaktive Kinder in solchen Räumen bedeutend ruhiger werden als in kahlen Klassenräumen ohne stimulierende Umgebung.

Bei der Werbeagentur Springer und Jacoby finden Sie beispielsweise ausschließlich weiße Tische und leere weiße Wände, weil die Gesellschafter glauben, dass dies die Kreativität fördert.

Es gibt eine Reihe von Ratgebern für Eltern, die empfehlen, mit den Kindern vor Klassenarbeiten einfach Entspannungsübungen zu machen. Dazu habe ich in einem ADHS-Buch gelesen, dass Entspannungsmethoden nichts bringen, außer dass sich das Sensitivitätsniveau der Kinder weiter absenkt und angeblich noch schlechtere Leistungen erbracht würden. Man muss nicht weiter erwähnen, dass sich das Buch sehr ausführlich für die Vorzüge einer medikamentösen Behandlung mit Psychopharmaka aussprach, über den Einsatz von Entspannung jedoch nur in drei kurzen Sätzen reflektierte.

Natürlich ist dieser Versuch, Kinder mit Entspannung vor Klassenarbeiten ruhig zu stellen, zum Scheitern verurteilt, wenn man in der Trance nur die Möglichkeit zum Loslassen sieht. Wir können das Bewusstsein der Kinder nicht in den Orbit beamen und verlangen, dass sie mit diesen Empfindungen hier, auf der Erde, konzentriert eine Arbeit schreiben. Das schließt sich aus. Aber es gibt eine andere Wahl. Wir schicken unsere Kinder in ihre innere Bibliothek, um das Wissen zur richtigen Zeit abzufragen, welches eindeutig in ihnen abgespeichert wurde.

Eines ist doch klar: Alles, was wir einmal erfahren haben, jedes Detail unseres bisherigen Lebens, ist zuverlässig in uns abgespeichert. Millionen von Erinnerungen schlummern so lange in uns, bis sie der Zufall wieder zum Leben erweckt. Wir erinnern uns nicht mehr genau an die Grundschule, aber auf dem Klassentreffen fällt es uns exakt wieder ein. Da melden sich plötzlich wieder die Gedanken der ersten Liebe, der Ausflug ins Landschulheim, die Aufregung vor der Abschlussprüfung ... Dinge, die uns im Alltag nicht mehr bewusst waren.

Das US-Wissenschaftsmagazin *Science* berichtete über den Neurobiologen Eric Knudsen von der Stanford Universität (Kalifornien). Dieser hat im Jahr 2002 nachgewiesen, dass wir tatsächlich einmal Erlerntes nie mehr vergessen. Dazu experimentierte Knudsen mit Eulen. Frühe Erfahrungen, die diese Schleiereulen gemacht hatten, legen einen Erinnerungspfad an, der so lange ungenutzt bleibt, bis die Fähigkeit wieder benötigt wird. Die Eulen lernten in jungem Alter mit einer Art Brille das Sichtfeld auf Prismen einzustellen. Die „normale" Sicht wurde ihnen verdeckt. Dieses Experiment wurde von Knudsen nach einem halben Jahr, was für eine Schleiereule scheinbar ein sehr langer Zeitraum ist, wiederholt. Den Eulen gelang es, die einmal erlernte Fähigkeit schnell wieder zu aktivieren. Die Vergleichseulen, ohne Training, konnten das Sichtfeld nicht auf Prismen umstellen. Eric Knudsen folgerte daraus, dass ungewöhnliche Eindrücke zusätzliche Nervenverbindungen im Hirn schaffen, die trotz langer Ruhepausen wieder genutzt werden können. Im Science-Kommentar wurde darauf verwiesen, dass diese Erkenntnis nach Meinung vieler Neurowissenschaftler auch für andere Tiere und den Menschen gültig ist. Dies zeige auch, dass Kinder eher zu klugen Erwachsenen heranwachsen, wenn sie in jungen Jahren viele Erfahrungen und Eindrücke gewinnen.

So ist es mit dem Lernen auch.

Das Phänomen des „Blackouts" ist nur eine Überkompensation. Fällt uns etwas nicht gleich auf Anhieb ein, meldet sich sofort der interne Herr Griesgram mit seinem negativen Gerede zu Wort. „Mist, jetzt habe ich es vergessen, wie hieß der gleich wieder. Ich kann mir einfach nichts merken." Die Abwärtsspirale dreht sich. Nur wenn wir gegensteuern lernen, werden wir dem „Blackout" den Garaus machen können.

Am besten hat sich in solchen Situationen bewährt, kurz die Luft anzuhalten – dann ist unsere Konzentration am größten. Diese Überlebensfunktion ist seit Urzeiten in uns abgespeichert. Wir gehen beispielsweise durch einen dunklen Wald und hören plötzlich einen Ast knacken. Sofort halten wir erschrocken die Luft an, um alle unsere Sinne zu schärfen. Die Methode des Superlearning ist darauf aufgebaut. Informationen werden dort in einem bestimmten Atemrhythmus gelernt. Immer, wenn man die Luft anhält, ist die Konzentration am höchsten.

Jetzt erkennen Sie, was der „Blackout" wirklich ist. Er steht in der Bibliothek des Wissens ständig bereit, Ihre Fragen zu beantworten. Sie müssen nur das Licht in der Bibliothek deutlich heller machen, damit er jetzt sieht. Stellen Sie einfach im Geiste die Flutlichtanlage einer riesigen Fußballarena hinein ...

Schaffen Sie diesen Realitätstunnel in Ihren Kindern: „Alles, was du bisher gelernt hast, ist in dir abgespeichert. Du musst nur den Zugang dazu finden. Der Zugang ist Gelassenheit und Ruhe."

Aber welches Umfeld ist denn nun das richtige, um zu lernen? Darauf gibt es keine allgemeingültige Antwort. Sie sollten damit experimentieren.

Philipp lässt sich bei seinen Hausaufgaben von jeder Kleinigkeit ablenken. Während der Aufgaben fällt sein Blick immer wieder auf seine Legospielsachen. Zwar macht er seine Aufgaben sehr sorgfältig, braucht aber dafür eine halbe Ewigkeit. Wenn er aus dem anderen Zimmer seinen Bruder hört, ist seine Aufmerksamkeit sofort bei ihm. Kann sein, dass er dann seinen Stift fallen lässt und zu ihm hinüberrennt.

Es liegt auf der Hand, dass Sie den Hausaufgabenplatz von Philipp verändern können. Stellen Sie einfach den Schreibtisch so auf, dass Ablenkung nicht möglich ist, und gestalten Sie diesen Raum ruhiger.

Es könnte aber auch sein, dass Philipp ein oder zwei Jahre später ganz anders reagiert. Er wirkt aufgekratzt, zappelt herum, und je mehr sie ihn zu beruhigen versuchen, desto schwieriger wird es. Jetzt sind die Vorzeichen anders. Vielleicht braucht er ein Zimmer im Viva-Look: knallbunte Wände und bunte Lichter überall; ein Fernseher im Hintergrund, auf dem wüster Gangsterrap oder Rockmusik läuft; eine gemütliche

Couch oder eine Hängematte, um seine Aufgaben auch mal halb im Liegen zu erledigen. Der Vielfalt sind keine Grenzen gesetzt. Wichtig ist, dass Sie Ihrem Kind dabei helfen, das optimale Stimulationsniveau zu finden, und nicht nach der Methode handeln: „Ich könnte nie bei so einem Krach lernen, also ist das auch für mein Kind nichts."

Genauso verhält es sich mit dem Einschlafritual. Wenn Ihre Kinder zappelig werden, wenn es ruhig wird, müssen Sie Ihre Methode ändern. Vielleicht benutzen Sie eine andere Musik mit schnellerem Takt, oder Sie beschließen, Ihre Kinder in ihrer Unruhe abzuholen, indem Sie zuerst schnell mit ihnen sprechen und dann immer langsamer und ruhiger werden. Eines ist jedenfalls klar: Wenn Sie mit Ihrer Ruhe kommen, die Kinder aber noch herumtoben, dann ist das, als stoße Kaltluft auf Warmluft: Es gibt Gewitter!

Worin ist der Unterschied zwischen einem guten Märchenerzähler und einem schlechten? Denken Sie gut über die Frage nach. Ist es die Spannung oder ist es die Geschichte, die einem zum guten Erzähler macht? Liegt es an der ausgefeilten Handlung, an den ungewöhnlichen Personen? Nein! Der Unterschied zwischen einem guten und einem schlechten Märchenerzähler definiert sich in meiner Wahrnehmung so: Der schlechte ist bei sich selbst und der gute Märchenerzähler ist bei seinen Zuhörern. Nur, dazu müssen Sie Ihren Standpunkt verändern. Beobachten Sie genau, wie Ihr Kind atmet. Atmen Sie im selben Rhythmus ein und aus und erzählen Sie Ihre Geschichte in diesem Rhythmus. Wenn Sie mehrere Kinder haben, denen Sie eine Geschichte erzählen möchten – ganz einfach: Grundsätzlich gilt, dass Sie mehrere Kinder nicht in der Mehrzahl (ihr), sondern in der Einzahl (du) ansprechen, denn das ist viel direkter. Bauen Sie das Atmen in Ihre Geschichte ein: „... und während du diesem bunten Vogel beim Fliegen zusiehst, erlaubst du dir einen tiefen Atemzug ... ein ... (jetzt atmen Sie selbst laut ein und übernehmen die Führung) ... und aus. Und spür, wie du mit jedem Atemzug ruhiger und ruhiger wirst." Denken Sie daran, benutzen Sie diesen Satz auch für mehrere Kinder.

Schon haben Sie den Atem von Ihnen und Ihren Kindern synchronisiert. Das ist wichtig! Sie wollen sich ja aufeinander einstimmen, damit sich die Gewitterwolken verziehen können.

Bitte machen Sie jetzt folgende erste Übung. Sie brauchen dazu einen Partner oder nehmen Sie Ihr Kind. Ihr Gegenüber soll es sich bequem machen. Jetzt legen Sie eine Hand auf den Brustkorb und spüren, wie sich mit jedem Atemzug der Oberkörper hebt und senkt.

Achten Sie genau auf den Atem. Nach einiger Zeit nehmen Sie die Hand langsam vom Brustkorb und vollführen die Bewegung des Hebens und Senkens in einem Abstand von etwa 30 bis 50 Zentimetern vor dem Brustkorb. Dies schult Ihre Sensibilität. Es ist wichtig, dass Sie das Atmen präzise erfassen. Ihr Gegenüber muss dabei aufmerksam sein. Wenn Sie die Handbewegung im Abstand in einem anderen Rhythmus als Ihr Partner machen, dann soll er Sie korrigieren.

Die zweite Übung besteht darin, eine Geschichte genau im Atemrhythmus Ihres Kindes zu erzählen. Sie können dabei leicht die Hand auf den Brustkorb oder Rücken legen, je nachdem, wie Ihr Kind sich schlafen legt. Dann erzählen Sie los. Erzählen Sie irgendetwas. Die Geschichte spielt zunächst keine Rolle. Es ist nur wichtig, dass Sie jetzt darauf achten, dass Sie immer dann sprechen, wenn Ihr Kind ausatmet, und dass Sie immer gleichzeitig einatmen. Wenn also Ihr Kind einatmet, sprechen Sie nicht, sondern machen eine Pause.

Bei der dritten Übung beachten Sie zusätzlich, dass Sie immer am Ende jedes Satzes den Tonfall absenken!

Sie werden merken, wie beruhigend diese Übungen nicht nur für Ihr Kind sind, sondern auch für Sie. Lassen Sie ruhig zu, dass es nicht gleich beim ersten Mal klappt. Üben Sie regelmäßig.

Sehr interessant ist eine nonverbale Trance-Induktion. Dazu nehmen Sie den Atemrhythmus Ihres Kindes einfach auf, indem Sie wieder eine Hand auf Rücken oder Brustkorb legen. Verstärken Sie das Ausatmen, indem Sie immer, wenn Ihr Kind ausatmet, sanft auf Rücken oder Brustkorb drücken. Ihr Kind wird davon sehr schnell ruhig werden.

Jetzt können wir uns in eine neue Richtung voranwagen: der Veränderung von Stimmungen. Wenn Sie Ihre Kinder in Ihrer Unruhe optimal abholen möchten, brauchen Sie einige Übung in der Veränderung des Zustands „unruhig“ in „ruhig“. Wie können Sie das erreichen? Verändern Sie Ihre Stimme und Bewegungen. Aber denken Sie immer daran, was Sie erzeugen möchten, muss in Ihnen selbst brennen! Am besten üben Sie das draußen, im wirklichen Leben, mit Menschen, die Sie noch nie im Leben gesehen haben. Wenn Sie auf dem Land wohnen, fahren Sie in die Stadt zum Üben.

Gehen Sie in große Kaufhäuser. Die Menschen dort werden dafür belohnt, jeden Tag nett zu sein, deshalb sind sie auch so überzeugend, aus sich selbst heraus wahnsinnig NETT!?! Gehen Sie in die Abteilung, in der Ihrer Meinung nach die meisten Hektiker arbeiten. Ich finde solche Menschen immer bei den Spielwaren, der CD-Abteilung oder an der Kasse.

Beobachten Sie die Situation eine Weile. Gehen Sie dann hin, nehmen Sie die ganze Hektik, die Ihnen vom Verkäufer entgegenkommt, in sich auf, und sprechen und agieren Sie in derselben schnellen Geschwindigkeit. Dann plötzlich werden Sie immer langsamer und langsamer und schalten einen Gang nach dem anderen herunter. Sie werden sehen, es kommt beim Verkäufer und bei Ihnen ein unglaublicher Prozess in Gang. Er wird bald ruhiger werden wie Sie selbst auch wieder. Sie müssen das einfach einmal ausprobieren, es macht Riesenspaß!

Oder umgekehrt, wenn Ihnen jemand zu langsam vorankommt. Vielleicht auf einer Behörde. Sprechen Sie ihn zunächst ganz ruhig an. Inhalieren Sie mit all Ihren Sinnen, wie es ist, auf einem sanften, steuerfinanzierten Ruhekissen dahinzuschlafen. Bewegen Sie sich langsam, reden Sie langsam, aber nicht zu lange, um dann plötzlich immer schneller und schneller zu werden. Beobachten Sie, in welcher Weise Ihnen Ihr Gegenüber folgt. Führen Sie Ihr Gegenüber! Kosten Sie den Moment aus! Beschleunigen Sie noch ein bisschen mehr! Hektischer. Schneller. Atemloser. Sie werden sehen, es bewirkt etwas. Wenn Ihnen der Beamte jedoch irgendwann sagt: „Nur die Ruhe!", möchte ich Sie ermuntern, fröhlich weiterzuüben. Er hat es nicht anders verdient.

5.2 Was bringen veränderte Bewusstseinszustände? Die Wirkung von Trance, unterschiedliche Einsatzmöglichkeiten

Der bestbezahlteste Sportler dieser Welt ist der Golf-Profi Tiger Woods. Im Jahr 2002 haben Journalisten berechnet, dass das Konto von Tiger Woods mit jedem Golfschlag um 190.000 US-Dollar anwächst. Der Supersportler trainiert hart! Damit er Golfbälle über eine Entfernung von über 350 Metern präzise einlochen kann, bereitet er sich gut vor: mit Hypnose! Er schärft damit seine Konzentration und ist gleichzeitig entspannt.

Wir können uns das Spannungsfeld Konzentration und Entspannung auf einer Grafik vorstellen:

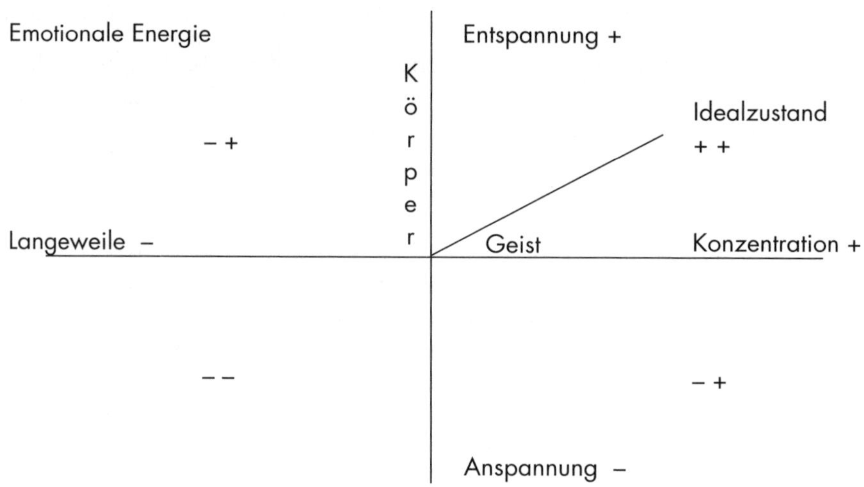

Die Vertikale ist eher dem Körpergefühl zugeordnet, die horizontale Linie eher dem Geist. An den Extrempositionen finden wir Entspannung und Anspannung sowie Langeweile und Konzentration.

Im Quadrant zwischen Langeweile und Entspannung finden wir keine emotionale Energie, sondern eher einen optimalen Schlafzustand. Langeweile und Anspannung in Kombination: Man fühlt sich unterfordert, die Arbeit, an der man gerade ist, langweilt und löst Stress aus.

Zwischen Anspannung und Konzentration entwickeln wir hektische Aktion gepaart mit Kopfschmerzen und der Angst, etwas könnte misslingen – „Blackout" ist hier nahe, und Überkompensation auch.

Der Idealzustand ist eine Kombination aus Entspannung und Konzentration: volle Kraft voraus! Die Handlungen sind überlegt und präzise. Der Idealzustand zum Lernen. Insofern ist das oben zitierte ADHS-Buch nicht auf dem Holzweg. Im völligen Entspannungszustand kann keine Arbeit geschrieben werden, weil man kurz vor dem Einschlafen ist. Ein energetischer Zustand ist eben gerade die Kombination aus Entspannung und Konzentration.

Wie können wir das erreichen? Als hierzulande Trainer begannen, das Superlearning als Schlaflernmethode zu propagieren, ließen Sie außer Acht, dass es hierbei nicht einfach um Lernen im Schlaf geht. Entsprechend hoch waren zu Anfang die Misserfolge. Erst als man die Originalmethode von Professor Lozanow heranzog, waren deutliche Erfolge zu messen. Es handelt sich beim Superlearning ebenfalls um einen Zustand völliger Entspannung, während der Geist hellwach ist. Die Superlearner erreichen das, indem sie ständig die Betonung der Worte verändern. Das Bewusstsein ist dabei ebenso ansprechbar wie das Unterbewusstsein.

Welche Möglichkeiten haben wir bei der Veränderung der Modulation? Laut, leise, schneller, langsamer. Gesungen und gesprochen. Im Befehlston oder weicher. Mit glatter Stimme oder kratziger. Dumpf oder klar. Hell oder tief.

Vorhin haben wir mit dem Atem geübt. Wir haben die Atmung zum Rhythmus des Geschichtenerzählens gemacht. Jetzt probieren wir eine andere Strategie: Beobachten Sie, wie oft der Rhythmus der Sprache wechseln kann. Genau darum geht es jetzt. Nehmen wir zum Beispiel einen Viervierteltakt. „Eins, zwo, drei, vier, eins, zwo, drei, vier ..." Das kennen Sie. Wenn Sie jetzt Ihr internes Radio auf Walzer umstellen, hören Sie Folgendes: „Eins, zwo, drei, eins, zwo drei, eins, zwo, drei."

Sie können den Takt plötzlich ändern und erhalten innerhalb des neuen Taktes eine geänderte Aufmerksamkeit. Etwa so: „Eins, zwo, drei, vier, eins, zwo, drei, vier. EINS ZWO DREI EINS ZWO DREI. Eins, zwo, drei, vier, eins, zwo, drei, vier." Diese Technik verschafft Ihnen vollständige Aufmerksamkeit. Sie müssen das natürlich ein wenig länger machen. Nehmen wir an, Sie klatschen etwa 30 Sekunden im Viervierteltakt eins, zwo, drei, vier ..., ändern dann plötzlich nach 30 Sekunden einfach Ihren

Rhythmus auf Dreivierteltakt in EINS ZWO DREI ... – dann werden Sie feststellen, dass diese Vorgehensweise nicht nur veränderte Rhythmen bewirkt, sondern dass sich auch eine Veränderung Ihrer Aufmerksamkeit einstellt. Damit können Sie nun arbeiten. Beispielsweise können Sie innerhalb eines veränderten Rhythmus eine andere Geschichte verpacken. Oder Sie ankern neue Bewusstseinszustände darauf. Praktisch ist auch eine Beruhigung nach dieser Methode. Sie klatschen mit Ihren Kindern diese Rhythmen und wählen langsam immer ruhigere Rhythmen aus und werden dabei langsamer und langsamer. Gerade am Anfang werden Ihre Kinder wieder einen schnelleren Takt wählen wollen, wenn es dann ganz still wird. Macht nichts, ist sogar noch besser. Je öfter man aus der Ruhe raus und wieder in die Ruhe hineingehen kann, desto tiefer werden mit der Zeit die Trancezustände. Gleichzeitig wird es Ihnen gelingen, immer schneller in vollkommen ruhige Trance zu kommen.

Eine weitere Möglichkeit, positiv zu ankern, erhalten wir durch hervorhebende Betonung aller POSITIVEN Worte in einem Text. Um das zu üben, lesen Sie den Text langsam und laut vor und betonen Sie alle in VERSALIEN geschriebenen Worte besonders DEUTLICH:

„JEDER hat in seinem Leben die Wahl, sich JEDERZEIT zu
ENTSCHEIDEN, welchen Weg er GEHEN möchte.
HEUTE ist der erste Tag DEINES neuen Lebens, weil DU JETZT
WEITERKOMMEN möchtest und SPÜRST, wie POSITIV sich DEIN
Leben VERÄNDERT durch die KRAFT und die ENERGIE,
die du JETZT GERADE lernst, selbst zu STEUERN. Spür,
wie EINFACH es GEHT und wie SICHER du jetzt auf DEIN ZIEL
zuschreiten KANNST."

Ja, ich weiß. Auch diese Übung ist nicht LEICHT, aber mit ein bisschen Training werden Sie es SCHAFFEN! Sie können die Wirkung Ihrer Worte noch mehr hervorheben, wenn Sie immer, sobald Sie ein Wort HERVORHEBEN, einmal mit dem Finger schnippen. Richard Bandler wendet eine sehr interessante Methode in seinen Seminaren an. Er tippt bei all seinen *positiven Verstärkungen* mit der Fußspitze auf dem Boden auf. Versuchen Sie es einmal, diese positiven Worte in Einklang mit solchen Fußbewegungen zu präsentieren. Sie müssen dabei gleichzeitig, kurz bevor Sie jedes Wort sagen, überlegen, ob es vorwärtsgerichtet motivierend ist, und dann gleichzeitig mit der Aussprache dieses Wortes den Fuß auf den Boden tippen. Dazu muss man in einer tiefen Konzentrationstrance sein.

Aber genau das ist das Ziel. Wir lernen, unsere Anweisungen so zu geben, dass die Aufmerksamkeit unserer Kinder gefesselt wird. Wir lernen zu verstehen, wie unsere Kinder Prozesse verarbeiten. Wir reißen sie gerade aus ihren internen Dialogen heraus und erwarten dann sofort völlige Aufmerksamkeit. Jetzt wissen Sie, wie Sie den Zugang zu Ihrem Kind ebnen können.

Was passiert eigentlich, wenn unser Gehirn auf Trance umschaltet? Mit so genannten Elektroenzephalographen (EEG) gelingt es dem Menschen, seit deren Erfindung durch den Psychiater Hans Berger im Jahre 1924, Gehirnströme zu messen. Kleine Elektroden werden an der Kopfhaut aufgeklebt und liefern durch Verstärkung Informationen über elektrische Ströme und Spannungen. Die Spannungen sind natürlich sehr schwach und liegen zwischen einigen millionstel Volt bis einhundert Millivolt. Ein hellwacher Mensch befindet sich im so genannten Betazustand. Das Gehirn ist bei einer feststellbaren Spannung mit einer Frequenz zwischen 15 bis 35 Hertz aktiv (Schwingungen pro Sekunde). Darunter liegt die so genannte Alpha-Phase. Die Alpha-Phase ist noch auf der Seite der Wachzustände, ihre Frequenz liegt jedoch nur noch zwischen 8 und 12 Hertz. In diesem Bereich fangen Trancezustände mit den Tagträumen an. Darunter liegt, als erster Schlafzustand, die REM-Phase: die Phase des Träumens. REM steht für **R**apid **E**ye **M**ovement, also schnelle Augenbewegungen, da man im Traum dem nachschaut, was man träumt. Diese Phase wird auch als paradoxer Schlaf bezeichnet, da das Gehirn wieder, wie in der Betaphase, bei einer Spannungsgröße zwischen 15 bis 35 Hertz hoch aktiv ist. Wieder eine Stufe tiefer finden wir die Theta-Phase, in der die Frequenz bei größerer Spannungsamplitude zwischen 4 und 7 Hertz liegt. Darunter ist die Deltazone. Sie steuert das Wachstum, den Zellaustausch. Es ist der tiefste Schlaf.

Wenn wir uns also in Trance begeben, gleiten wir sanft von einer Aufmerksamkeitsphase in die nächste. Bis zu einem gewissen Punkt können wir selbst entscheiden, wie weit wir dabei mitgehen. Je tiefer wir in den Schlaf kommen, desto weniger sind die Prozesse aus unserem Bewusstsein gesteuert.

Ich benutze den Zustand Trance nicht nur für schlafähnliche Prozesse. Jeder Zustand, der die Wahrnehmung verändert, ist ein Trancezustand. Wir geraten alle in Trance, wenn wir vor dem Fernseher sitzen oder im Kino sind. Wir sind buchstäblich auf einer Reise, wenn wir im Internet surfen und uns dort (wo ist das eigentlich) die vielen Bilder beispielsweise über ein bestimmtes Urlaubsgebiet ansehen, von einer Seite auf die nächste kommen usw. Wenn die Kollegin vorbeikommt und uns anspricht, dann braucht es vielleicht eine Weile, bis wir ihr völlig folgen können.

Wir verändern den Focus unserer Aufmerksamkeit auch, wenn wir einem Vortrag lauschen oder ein Buch lesen. Wir sind in einer Konzentrationstrance, wenn wir eine komplexe Kopfrechenaufgabe lösen oder wenn wir etwas auswendig Gelerntes wiedergeben.

Wir finden tausend Zustände von Trance, wenn wir genau hinsehen: Der Fließbandarbeiter ist in einer Zusammenschraubtrance, die Lehrerin in einer Unterrichtstrance, der Magier in einer bezaubernden Trance, Kinder in einer Spieltrance, Musiker in einer Performancetrance, Sportler in einer Siegestrance, Mütter in einer Stilltrance, Busfahrer in einer Fahrplantrance, Autoren in einer Schreibtrance, Verkäufer in Argumentationstrance usw.

All diese Zustände sind verschieden, sie benötigen je nachdem entweder mehr Konzentration oder mehr Langeweile, Anspannung oder Entspannung. Jedenfalls sind sie da, wenn wir sie brauchen. Und Sie können sie jetzt bewusst verankern, einprogrammieren und damit bewusst zu Ihrem Nutzen steuern. Freuen Sie sich, nicht gleich, sondern JETZT!

5.3 Ruhe im Kopf: Die internen Dialoge verstummen jetzt bei Ihnen und Ihrem Kind

„Der Weg in die Welt der Zauberei öffnet sich erst, nachdem der Krieger gelernt hat, seinen inneren Dialog abzustellen. Unsere Vorstellung, unsere Ansicht der Welt zu ändern, das ist der springende Punkt bei der Zauberei – und das Anhalten des inneren Dialoges ist die einzige Möglichkeit, dies zu erreichen. Der Rest ist nur Beiwerk."
– *Carlos Castaneda*

Geht es Ihnen auch so? Immer wenn Sie gerade mal an nichts denken möchten, einfach nur dasitzen und die Ruhe genießen, dann meldet sich Ihre innere Stimme zu Wort. Manch interner Dialog ist ja recht aufbauend. Wenn Sie einen Herrn Fröhlich nutzen, der Ihnen immer zuruft, wie toll Sie sind, dann ist es gut. Manche haben aber Herrn Griesgram im Ohr, der immer dann anfängt, wenn es mal nichts zu meckern gibt.

Beispielsweise möchten Sie es sich gerade auf der Terrasse bequem machen, da geht es auch schon los: „Der Rasen ist noch nicht gemäht." Sie möchten sich gerade schönen Momenten zu zweit hingeben: „Die Schlafzimmerdecke müsste gestrichen werden ... der Chef hat mich gestern geärgert ... habe ich das Auto abgeschlossen?" Das muss nicht so sein, Sie können etwas dagegen unternehmen.

Eine Möglichkeit, den internen Dialog zu beenden, habe ich von Chris Mulzer, dem Berliner NLP-Trainer, gelernt. Chris atmet tief aus und steuert den internen Dialog, indem er laut tönend ausatmet: Aaaaaaaaaaaaaaaaaaaaaaaaahhhhhhhhhhhhhhch." Sie treffen dieses lauten Ton richtig, wenn es sich etwa so anhört wie lautes Gähnen. Der Ton wird dabei immer dunkler und dunkler und Sie werden ruhiger und ruhiger und Ihr interner Dialog verstummt völlig.

Eine weitere Alternative kommt aus der Medizin. Wenn Ärzte ein EEG anfertigen, dann ist es von Vorteil, wenn der Patient an nichts denkt. Da das nicht jedem gelingt, wird den Patienten geraten, einfach die Zunge fest an den Gaumen zu drücken. Damit verstummt der interne Dialog auch. Scheinbar gelingt es uns leichter, an nichts zu denken, wenn die Zunge keinen Platz hat, Sprache zu formen.

Sie müssen darauf gefasst sein, dass Ihre Kinder nicht nur einen internen Dialog haben, sondern *mehrere* gleichzeitig. Jedenfalls ist es nicht so, dass die Menschen einen Vortrag immer völlig offen aufnehmen. Mancher Zuhörer und Zuschauer ist mehr in seinem internen Dialog damit beschäftigt, die Dinge zu reflektieren, zu bewerten oder abzuschweifen.

Oft können Sie den internen Dialog auch hören. Kinder brabbeln irgendetwas Sinnloses vor sich hin. Vielleicht auch gerade dann, wenn Sie anfangen eine Geschichte vorzulesen. Das Kind kann seinen Gedankenfluss nicht abschalten. Sie erkennen das sofort. Jeder von uns kennt den Blick seines Kindes, wenn es einem nicht genau zuhört, gedankenverloren irgendwo hinstarrt und nicht aufmerksam ist. Es ist wichtig, dass wir diesen inneren Dialog unterbrechen, wenn wir selbst gehört werden wollen.

Immer wieder lernt man Kinder kennen, die unentwegt am Reden sind. Es scheint, als müssten sie zu allem Stellung nehmen. Alles wird in einen nicht enden wollenden Redefluss aufgenommen. Was andere Kinder leise denken, wird bei jenen Kindern ohne Erbarmen vor sich hingebrabbelt. Der interne Dialog hat sich ins Außen verlagert. Und der nervt. Irgendwann kann es keiner mehr hören. Oft kann man beobachten, dass mindestens ein Elternteil des Kindes oder eine Person, unter deren Aufsicht das Kind steht, zu der selben Spezies von Verbalakrobaten gehören.

Solche internen Dialoge sind es nämlich auch, die Ihr Kind am Einschlafen hindern. Es kann einfach nicht „abschalten". Ein so genanntes ADHS-Kind leidet unter Umständen mehr darunter. Es schläft schlecht ein und hat am Morgen Schwierigkeiten dabei, richtig wach zu werden. Es braucht dann eine lange Anlaufphase und ist ein richtiger Morgenmuffel.

Umgekehrt wird der interne Dialog bereits von vielen Fachleuten benutzt, um verhaltensauffällige Kinder, aber auch Erwachsene dabei anzuleiten, sich selbst zu instruieren. In problematischen Situationen, die zu eskalieren drohen, beruhigt man sich selbst. Dabei werden in der Therapie erarbeitete Leitsätze verinnerlicht:

Angelika hatte sich immer wieder von ihren Schulkameraden ärgern lassen. „Die ist doch blöd." „Du kannst das nicht." Früher hat sie sich vor Wut immer wieder auf eine Rauferei eingelassen. Als sich die Situation häufte, entwickelte die Lehrerin mit ihr Alternativen. Jetzt sagt sich Angelika vor: „Ich bleibe völlig ruhig. Ich schaffe das." Die Raufereien sind daraufhin wieder auf ein normales Maß zurückgegangen.

Die Internalisierung von Selbstinstruktionen teilt sich in vier Phasen. In der ersten wird das Kind gebeten, den gemeinsam erarbeiteten Satz laut auszusprechen. In der zweiten Phase wird der Satz nur noch geflüstert. Dann wird der Satz in der dritten Phase nur noch mit den Lippen, ohne Ton angedeutet, und in der letzten Phase wird der Leitsatz im Inneren gesprochen. Mit dieser Methode lässt sich viel erreichen. Der interne Dialog wird damit jedenfalls zu einer sehr wichtigen Größe, die direkt gesteuert werden kann.

Um den internen Dialog am Abend ganz auszuschalten, habe ich eine interessante Methode entwickelt. Sie haben das Gefühl, als würden Sie in einem voll besetzten großen Fußballstadion durch die Lautsprecher sprechen: mit Hall. *Das hört sich, hört sich, hört sich so an, so an, so an. Diese, diese, diese Methode, Methode, Methode ist sehr interessant, interessant, interessant. Wenn, wenn, wenn Sie, Sie, Sie es schaffen, es schaffen, es schaffen, richtig zu atmen, zu atmen, zu atmen, dann, dann, dann lassen Sie sich, lassen Sie sich, lassen Sie sich von der Wirkung, Wirkung, Wirkung überzeugen, überzeugen, überzeugen.*

Der interne Dialog wird mit dieser Methode überlagert und überrascht gleichermaßen. Damit können Sie eine unglaubliche Verwirrung auslösen, die ja gerade für das Loslassen, Loslassen, Loslassen wichtig ist, wichtig ist, wichtig ist.

Milton H. Erickson – der bedeutendste Hypnotherapeut des 20. Jahrhunderts – hat eine Reihe von so genannten hypnotischen Sprachmustern entwickelt. Diese Sprachmuster haben es ihm erleichtert, seine Patienten in tiefe Trance zu versetzen, um dann therapeutisch auf sie einzuwirken. Ich möchte an dieser Stelle nur wenige Muster herausgreifen, um Ihnen einen optimalen Überblick zu geben. Zunächst sei erwähnt, dass Sie ganz beruhigt an das Thema Hypnose herantreten können. Wir nehmen aus der Hypnose nur eine kleine Anleihe, um Ihren Kindern zu ermöglichen, sich tief zu entspannen.

Unsere eigene Welt ist auf bestimmten Erfahrungen aufgebaut. Damit wir Traumreisen optimal einleiten können, ist es angezeigt, diese Erfahrungen bewusst neu zu definieren oder zu unterbrechen. Zunächst werden wir zwei Erfahrungen, die nichts miteinander zu tun haben, mit einem Verbindungswort zu einer zusammenhängenden Erfahrung machen:

- *„Du liegst in Deinem Bett UND Deine Augenlider werden immer schwerer."*
- *„Du hörst nur noch meine Stimme UND fühlst dich dabei leichter und leichter."*
- *„WÄHREND du vor deinem geistigen Auge diesen weißen Vogel siehst, spürst du, wie du dich dabei wohler und wohler fühlst."*
- *„WEIL du den Klang meiner Stimme hörst, wirst du dich tiefer und tiefer entspannen."*

All diese Satzkonstruktionen implizieren, dass es einen tatsächlichen Zusammenhang zwischen den beiden miteinander verbundenen Satzteilen gibt. Immer wird ein Teil, den Ihr Kind bei sich selbst überprüfen kann (Pacing), mit einem Satzteil verbunden, den Sie bei Ihrem Kind erreichen möchten (Leading). Machen Sie nun eine Übung, indem Sie einzelne Satzteile miteinander verbinden. Benutzen Sie die Worte: und, während, weil, macht, bewirkt, führt dazu.

„WÄHREND du diese Zeilen liest, wirst du feststellen, wie leicht es ist, diese Übung auszuführen. Du denkst an die Verbindungsworte UND fühlst dich leichter und leichter. Es ist schön, sich leicht zu fühlen, WEIL du dich jederzeit an diese Übung erinnern kannst. Spür, wie entspannt du auf einmal sein kannst, WÄHREND du dich direkt auf die Verbindung von zwei Sätzen konzentrierst. Diese Konzentration BEWIRKT gute Gefühle bei deinen Kindern."

Sie sehen, es ist doch ganz einfach. Sie können diesen Verbindungen noch mehr Ausdruck verleihen, wenn Sie Verneinungen beifügen:

- → *„Du kannst es nicht verhindern, dich leichter und leichter zu fühlen, WÄHREND du deine Augen fest geschlossen hältst.*
- → *„Du wirst nicht in der Lage sein, deine Augenlider offen zu halten, WÄHREND du das Gewicht deiner Lider spürst."*
- → *„Nichts zu denken führt bei dir dazu, nichts zu hören als nur meine Stimme allein."*

Sehr wirksam ist es auch, wenn Sie bewusste Fehler in der Interpunktion begehen. Damit wird das Bewusstsein wieder ein Stückchen weiter „beschäftigt", so dass der Weg für Ihre Botschaften frei ist. Dazu werden wieder zwei Sätze verbunden, die scheinbar in keinem Zusammenhang stehen. Der erste Satz endet dabei mit dem gleichen Wort, mit dem der zweite Satz anfängt:
„Es glitzerte hell am Himmel die Sonne geht langsam unter."

Der Satz müsste eigentlich heißen: *„Da glitzerte hell am Himmel die Sonne. Die Sonne geht langsam unter."* Ende und Anfang werden zu einer neuen Verbindung und schaffen Konfusion:

- → *„Da sah der fleißige Bauer am Feld eine Kuh steht auf der Weide."*
- → *„Mach schön langsam kommt der Winter."*
- → *„Das ist schön ruhig bleiben."*
- → *„Langsam wachsen die Blätter wieder auf den Bäumen klettern macht Spaß tiefer und tiefer zu gehen."*

Bilden Sie bitte zur Übung selbst eine Reihe solcher Sätze. Am besten, Sie schreiben diese auf. Auf diese Weise sehen Sie das letzte Wort vor Augen, und es fällt Ihnen leichter, damit einen neuen Satz zu beginnen. Sie werden bald ein Gefühl für diese eigenartigen Satzkonstruktionen bekommen.

Wir greifen an späterer Stelle hypnotische Sprachmuster nochmals auf, um diese weiter zu vertiefen.

Sicherlich können Sie die hypnotischen Sprachmuster gut nutzen, um Ihre Kinder ruhiger werden zu lassen. Darüber hinaus haben Sie jedoch auch die Möglichkeit, tiefere Botschaften zu senden, so genannte Affirmationen. Das sind kurze, präzise Nachrichten an Ihr Kind, die Verhalten verändern können:

- → *„Lernen und Erinnern fallen dir leicht."*
- → *„Du erkennst jeden Buchstaben schnell und sicher."*
- → *„Mathe macht dir neue Freude."*
- → *„Wenns hektisch wird, wirst du ruhiger."*
- → *„Immer sensibler wirst du auf deine Umwelt."*
- → *„Neue Freunde finden fällt dir immer leichter."*
- → *„Mit jedem ruhigen Atemzug wirst du ruhiger und ruhiger."*

Mit diesen Botschaften kommen wir aber nicht sofort heraus. Wir installieren sie. Wir starten mit der ersten Geschichte und leiten auf eine zweite über, danach wenden wir uns der dritten zu, einer Affirmation, um von dort zurück auf die zweite Geschichte zu kommen und danach wieder auf die erste. Das Muster einer Installation ist also 1,2,3,2,1.

In einem fernen schönen Land, da lebte einmal ein Frosch. (erste Ebene) Der Frosch hatte ein riesiges Buch, das er immer wieder abends öffnete, um seinen Froschkindern daraus vorzulesen. In diesem großen Buch stand eine Geschichte über einen Mann, der jeden Abend seine Schafe zählte. (zweite Ebene) Er hatte dreihundertdreißig Schafe. Eines Tages jedoch waren es nur noch dreihundertneunundzwanzig. Das beunruhigte den Mann so, dass er sich noch in der Nacht im Wald auf die Suche machte. Im Wald traf er eine Eule, die gerade wach geworden war. Der Mann fragte die Eule: „Hast du mein Schaf gesehen?" – „Nein", antwortete die Eule, „aber kürzlich kam hier eine Frau vorbei, die suchte auch ein Schaf. Und zu dieser Frau sagte ich: (dritte Ebene) »Schlaf nun ruhig bis morgen früh, (vierte Ebene) so wie du jetzt tiefer und tiefer sinken kannst und leichter und leichter einschlafen, dann wird dein Schaf wieder (dritte Ebene) wohlbehalten in deinem Stall sein.«" Der Mann war erleichtert, bedankte sich bei der Eule für den weisen Rat und ging zurück zu seiner Herde. (zweite Ebene) Und als er am nächsten Tag nochmals seine Schafe zählte, da stellte er fest, dass es wieder dreihundertdreißig waren. Aber das haben die Frösche (erste Ebene) nicht mehr mitbekommen, denn die waren bereits tief eingeschlafen.

Das ist eine kurze Geschichte, und die Ebenen folgen hier sehr rasch aufeinander. Oberflächlich betrachtet könnte man urteilen, dass hier jemand vom Hundertsten ins Tausendste kommt. Sie wissen nun, dass das gewollt ist. Mit dieser Technik arbeitet dieses Buch von Anfang an. Bewusst werden Themen immer wieder aufgegriffen, um an anderer Stelle daran weiterzuarbeiten oder sie zu beenden. Ich möchte Sie beruhigen, diese Methode ist nur auf den ersten Blick verwirrend, langfristig erleichtert sie Ihnen das Lernen fällt Ihnen leichter und leichter mit jeder Seite, die Sie lesen ...

In der Werbebranche wird häufig mit solchen Installationen gearbeitet.

Zunächst sind Sie ja eine Bearbeitungsebene tiefer, wenn Sie fernsehen. Sie identifizieren sich mit der Handlung dort so, dass Sie häufig alles um Sie herum vergessen. Sie sehen nur das Bild, die Vase neben dem Fernseher nehmen Sie nicht mehr bewusst wahr. Wenn der Film durch TV-Werbung unterbrochen wird, dann sind wir schon auf Ebene drei. Auf der vierten Ebene findet dann eine Handlung statt, die mit dem Angebot auf Ebene fünf nichts zu tun hat. Die Handlung wird weitergeführt. Der TV-Spot ist zu Ende, und schnell findet sich Ihr Bewusstsein wieder im Jetzt ein. Um was es in der Werbung gerade gegangen ist, das haben Sie scheinbar vergessen. Nicht gleich, aber morgen früh können Sie sich nur noch an wenige Werbespots erinnern. Während sich Ihr Bewusstsein an nichts mehr erinnern kann, formuliert Ihr Unterbewusstsein schon Wünsche und gibt bereits die Bestellungen auf.

Wenn Sie also Geschichten erzählen, dann achten Sie darauf, dass Sie dem Unterbewusstsein Ihres Kindes ein optimales Spiel auf allen Ebenen bieten. Denken Sie dabei auch daran, dass beide Gehirnhälften Ihres Kindes angesprochen werden. So wie bei der Superlearning-Methode. Am leichtesten erreichen Sie das, wenn Sie Musik spielen lassen. Es gibt eine Reihe klangvoller Meditationsmusik, die Einschlafen optimal fördert. Achten Sie darauf, dass sich dafür vor allem Instrumentalmusik eignet, wenn Sie Geschichten erzählen möchten. Von großem Vorteil ist es, wenn Sie während des Erzählens selbst musizieren. Mit einer Gitarre beispielsweise lässt sich ein wunderbarer Klangteppich legen. Dabei können Sie die Wirkungen Ihrer Geschichten sogar noch unterstreichen, denn auch Musik ist ein Anker.

Oder Sie bauen einfach selbst Musikinstrumente. Dabei haben Sie gleichzeitig eine gemeinsame Aktivität mit Ihren Kindern. Die selbst gebauten Instrumente haben zudem den Vorteil, dass Sie sie in der Intensität und Dauer nutzen können, wie Sie möchten. Welche Instrumente können das sein? Es gibt viele Möglichkeiten. Ein Regenrohr, eine Trommel mit Perlen, ein Windspiel.

Ein Regenrohr basteln Sie aus einem mit Reis gefülltem Papprohr, welches Sie in jedem Bürobedarfsladen zum Versenden von Dokumenten erhalten. Bekleben Sie das Rohr, nachdem Sie Reis hineingegeben haben, mit buntem Papier. Es gibt einen schönen gleichmäßigen Ton von sich. Eine weitere Möglichkeit ist, in eine Trommel viele kleine gleich große Plastikperlen zu schütten, so dass die Trommel wie ein Sieb gehalten werden kann. Das entstehende Geräusch ist wie das Wellenrauschen am Meer: auch eine sehr beruhigende Form der Musik.

Sie können auch Knöpfe oder Kieselsteine in einen flachen Karton geben und diesen zukleben. Wenn Sie den Karton drehen, dann entsteht das gleiche Geräusch wie bei der Trommel, jedoch noch weicher.

Sie können bei der gemeinsamen Entwicklung dieser „Instrumente" viel Spaß haben, wenn Sie Ihre Kinder am Bau teilhaben lassen.

5.4 Wie sag ich's meinem Kinde?

Beim Geschichtenerzählen bietet es sich wirklich an, auf die Probleme Ihrer Kinder einzugehen. Doch Vorsicht: Ihre Kinder durchschauen Sie bald. Deshalb müssen Sie darauf achten, solche Probleme nicht direkt anzusprechen, sondern verschlüsselt. Es liegt ja in der Natur von Märchen, dass sie alle tiefere Wahrheiten beherbergen. *Rotkäppchen* mahnt unsere Kinder, auf dem rechten Weg zu bleiben. *Der Wolf und die sieben Geislein* soll unsere Kinder davor bewahren, leichtfertig jemandem die Türe zu öffnen. Und genauso, wie sich die Geislein vor dem Wolf verteidigen wollten, so wird sich jeder verteidigen, der genau auf die Sache angesprochen wird, die ihn gerade beschäftigt. Wir wehren uns gegen Kritik und sind resistent gegen Belehrungen. Wer Behauptungen aufstellt erntet dagegen nur Widerspruch.

Die Metapher ist die eleganteste Methode, um die Wahrheit und die Lehre in einen warmen Mantel zu verpacken, den man gerne anzieht, wenn rauer Wind bläst. Und auch hier gibt es wieder eine Reihe von Spielregeln, die wir uns in aller Ruhe zu Gemüte führen werden.

Wenn Sie an den „Problemen" Ihrer Kinder arbeiten möchten, müssen Sie selbstverständlich sicherstellen, dass Sie das „Problem" auch wirklich erkannt haben und nicht einem Ablenkungsmanöver zum Opfer gefallen sind. Nehmen Sie sich dafür Zeit, versuchen Sie so viele Details wie möglich zu erfahren.

Jasemin ist nach dem Umzug in einer neuen Schule und kommt nach Hause und weint. In ihrer Wahrnehmung findet sie einfach keine Freunde in der neuen Klasse. Alle lachen sie nur aus. Jasemin erzählt: „Alle Kinder werden auf einen Kindergeburtstag eingeladen, nur ich nicht." Die Mutter zeigt sich verständig und hört sich alles genau an, dann fragt Sie: „Wer hat denn zum Geburtstag eingeladen?" – „Die Claudia." – „Und sind wirklich alle Kinder zu ihrem Geburtstag eingeladen worden?" – „Nein, aber die meisten." – „Wen hat Claudia eingeladen?" – „Die Sara, die Janina, die Marei, die Stefanie und den Jakob." – „Und wen noch?" – „Keinen mehr." – „Also, dann waren es nicht alle Kinder?" – „Nein." – „Also, fünf Kinder hast du mir jetzt aufgezählt, wie viele seid ihr in der Klasse?" – „Ungefähr zwanzig." – „Und wie viel ist zwanzig minus fünf?" ...

Am Abend könnte die Mutter dann eine Geschichte erzählen, in der Jasemin Mut gemacht wird, auch weiterhin auf ihre Klassenkameradinnen zuzugehen. Wichtig ist dabei, dass Jasemin sich mit den Personen und der Handlung in der Geschichte identifizieren kann, damit die optimale Wirkung gewährleistet wird.

Die Handlung muss dabei dem Ereignis entsprechen, welche der Situation oder dem Problem zugrunde liegt. Je präziser das Problem in der Geschichte abgebildet wird, desto eher wird die Geschichte akzeptiert.

Das erfordert, dass die ausgewählten Personen auch in derselben Beziehung zueinander stehen wie im wirklichen Leben. Dabei ist völlig unerheblich, ob es sich um Menschen handelt oder um Tiere oder Gegenstände. Aus Jasemin könnte also das Mädchen Jana oder das Mäuschen Jana werden. Aus Claudia wird das Mäuschen Kim. Beide gehen in eine Mäuseschule ...

Oder: Jasemin könnte aber auch eine Puppe mit schwarzen Haaren sein, wie Jasemin sie hat. Claudia wäre die Puppe mit den roten Haaren, und beide würden mit den anderen Puppen in der Spielkiste leben. Nachts, wenn alle Spielsachen aufwachen ...

Ebenso wie die Personen muss auch das Problem exakt dargelegt werden. Jasemin fühlt sich ausgegrenzt. Das hat zur Folge, dass sie sich ärgert und sich zurückzieht, statt von sich aus auf die neuen Kinder zuzugehen.

Auch das muss in der Geschichte entsprechend verpackt sein, aber nur so ähnlich. Wie könnte die Geschichte weitergehen?

... (mindestens zweite Ebene) Es war einmal ein kleines Mäuschen, das Jana hieß. Ihre Eltern mussten leider den Baumstumpf, in dem sie lebten, verlassen, denn es war nicht mehr genügend Korn auf dem Feld neben dem Baumstumpf ist es schön tiefer zu sinken und leicht dieser Geschichte zuzuhören. So machte sich die ganze Familie auf und suchte sich eine neue Mäusehöhle. Diese Höhle lag direkt neben einem großen Maisfeld, was gut war, denn Mais war die Lieblingsspeise von Jana. Bald war der erste Schultag in der neuen Mäuseschule und Jana war schon sehr aufgeregt. Wie viele Kinder werden wohl in ihrer Klasse sein? Wird sie dort neue Freunde finden? „Am besten", dachte sich Jana, „am besten, ich falle nicht groß auf." Sie versteckte sich immer hinter den großen Büchern der Lehrerin, damit keiner etwas gegen sie haben konnte. Das ging nun bereits drei Wochen so. Leider konnte dadurch, dass sich Jana immer hinter den Büchern versteckte, auch keiner der anderen Schüler Jana sehen. Es war, als wäre sie gar nicht da. In der Schule gab es noch viele andere Kinder: Kim, eine Maus mit rotem Fell, und Rosa, eine Maus mit rosafarbenem Fell. Jeder wollte die Freundin von Kim sein, denn Kim war einfach toll. Sie lachte immer fröhlich und konnte die schönsten Bilder malen. Eines Tages war ein Fest bei Kim. Kim lud dazu ihre besten Freundinnen ein. Da noch niemand Jana richtig kannte, und sie sich immer versteckte, wurde sie nicht zum Fest eingeladen und war darüber sehr traurig. Da hatte Jana nachts einen ganz besonderen Traum. Sie träumte von der Mutter aller Mäuse und die sagte zu ihr: „Warum wartest du darauf, bis du selbst eingeladen wirst. Am besten gehst du morgen zu Kim und lädst sie zu dir nach Hause ein." Am nächsten Morgen ging Jana zu Kim und sagte: „Hallo, ich bin die neue Schülerin Jana, ich mag dich sehr gerne. Vielleicht können wir uns nach der Schule treffen, ich möchte dich gerne zu mir nach Hause einladen." Leider hatte Kim an diesem Tag keine Zeit, um zu kommen, sie musste nämlich in den Klavierunterricht. Aber bereits am nächsten Tag war Kim bei Jana zu Gast und am darauf folgenden Tag kam auch Rosa mit dazu. Sie war auch sehr nett und erzählte viel von ihrer rosafarbenen Schlafhöhle, die ihr Vater ihr gebaut hatte. Und so wurden es jeden Tag mehr und mehr Mäusekinder, die bei Jana zu Gast waren. Da war Jana sehr froh, dass sie von sich selbst aus auf die anderen Mäusekinder zugegangen war."

In diesem Beispiel haben wir wieder eine tiefere Ebene benutzt, Janas Traum. Darin wird der Mäusemutter eine wörtliche Rede in den Mund gelegt. Dies geschieht so, dass der eigentlich an die Maus Jana adressierte Text direkt von dem Mädchen Jasemin aufgenommen werden kann. Man nennt diese Technik eingebettete Befehle. Solche „Kommandos" sind deshalb so wirksam, weil es nicht Sie selbst sind, der/die diese „eingebetteten Befehle" erteilt, sondern jemand anderer. Sie spannen damit eine Metaebene auf, aus der Sie mit Ihrem Kind kommunizieren.

- → *Weil der kleine Bär so viel redete, sagte der Papa Bär: „Sei ganz ruhig und höre nur noch meiner Stimme zu."*
- → *Der Schaffner meinte liebevoll: „Je länger du auf den Zug siehst, desto müder und müder wirst du werden."*
- → *Karina sagte zu ihrer Schwester: „Du musst nur denken, dass du schwebst, probier es aus. Fühl mal, wie leicht es sich anfühlt, über die Wiese zu schweben. Du kannst das auch!"*

Wenn Sie noch sehr kleine Kinder haben, dann können Sie sich eine kleine Handpuppe kaufen. Wenn Sie etwas mehr Geld investieren können, dann kaufen Sie eine Handpuppe, wie sie von Logopäden benutzt wird. Diese Puppen haben sogar eine bewegliche Zunge. Damit können Worte richtig ausformuliert werden. Die Kinder geben ihrer Puppe einen Namen. Dabei könnte die Puppe nun immer ein unerwünschtes Rollenverhalten annehmen. Sie lassen sie herumkaspern. Die Puppe durchbricht ständig die Familienregeln, und Sie lassen die Puppe immer alles falsch machen. Ihre Kinder werden anfangen, die Puppe zu unterrichten. Auch das ist eine neu etablierte Metaebene.

Bestimmt kennen Sie die Serie Alf, in der ein wuscheliger liebenswürdiger Außerirdischer sein Unwesen treibt. Die Familienserie ist genau wegen dieser Eigenschaft, dass Alf ständig Fehler macht, bei Zuschauern so beliebt und wird von Fachleuten als pädagogisch wertvoll eingestuft.

5.5 Mit allen Sinnen dabei: So nutzen Sie die Eingangskanäle Ihres Kindes für noch effizientere Kommunikation

Nun haben wir uns bereits eine Reihe von komplexen Strategien für Ihre Geschichten erarbeitet. Das jetzt begonnene Kapitel ist einfacher. Es geht um die Eingangskanäle Ihrer Kinder. Jeder gesunde Mensch verfügt über fünf bisher nachgewiesene Sinne: Sehen, Hören, Fühlen, Riechen und Schmecken. Wenn ein Sinneskanal ausfällt, bilden die anderen sich meist besser aus. Mit diesen Sinnen definieren wir die Welt um uns herum.

Das bedeutet nicht, dass jeder automatisch das Gleiche sieht, hört oder fühlt, wie wir bereits festgestellt haben. Wir haben uns mit unserer Sprache lediglich auf gleiche Worte für unsere Wahrnehmungen geeinigt. Bei den visuellen Eindrücken ist das noch einfach. Obwohl wir uns darüber nicht sicher sein können, dass wir alle über das gleiche Rot sprechen, wenn wir über Rot reden. Graphiker und Drucker wissen ein Lied davon zu singen.

Schwierig wird es, wenn wir über Gefühle sprechen wollen. Nicht jeder von uns bringt die gleiche Bereitschaft mit, darüber überhaupt Worte zu machen. Die Sprache ist dabei unser Filtersystem. Je besser wir uns ausdrücken können, je wortgewandter wir sind, desto eher haben wir eine Chance, dem Gefühl, das wir beschreiben möchten, nahe zu kommen. Unser Gegenüber muss für optimales Verständnis auch die gleichen Worte wie wir verstehen können und damit dieselben Emotionen verbinden. Das fällt uns in unserer Muttersprache weniger auf als in einer Fremdsprache. Die meisten von uns kennen diese Situation von „Sprachlosigkeit“, wenn wir Gefühle oder Vorgänge in einer Fremdsprache beschreiben möchten.

Zurück zu den Sinneskanälen. Es ist wichtig, dass wir in unseren Geschichten möglichst alle Sinne ansprechen. Jeder Mensch hat ein oder zwei bevorzugte Sinneswahrnehmungen, die sich auch in seiner Sprache wiederfinden lassen.

Die einen können sich etwas „gar nicht vorstellen“, sie sehen die Vision klar vor Augen. Offensichtlich ist bei diesen Menschen die visuelle Wahrnehmung stark augenfällig: „Schauen wir mal, dann sehn wir schon.“

Für andere klingt etwas wie Musik in ihren Ohren. Sie reden und diskutieren sehr gerne. Telefonieren bereitet ihnen besonderes Vergnügen. Kinder mit diesen Neigungen haben ein erstaunliches Erinnerungsvermögen für Lieder und Geschichten, die ihnen immer wieder vorgesungen oder vorgelesen werden. Die auditive Wahrnehmung ist hier das bevorzugte Repräsentationssystem.

Gefühle spielen im Leben der Kinästheten die größte Rolle. Sie haben die Dinge im Griff. Sie müssen alles in die Hand nehmen und reagieren heftig auf alle Appelle, die mit ihren Gefühlen zu tun haben. Kinästhetische Kinder sind Gradmesser für sämtliche Körpergefühle. Sie wissen genau, wann es zu kalt oder zu warm ist, und verfügen über die größte Körperbeherrschung von allen Typen. Sie tanzen gerne oder spielen engagiert Fußball.

Riechen die Kinder das Aroma von röstfrischem Kaffee, dann gehören sie zum olfaktorischen (Geruchs-)Typ. Ihre Kinder haben dann eine sehr feine Nase, einen guten Riecher. Dieser Typ ist sehr selten, und wenn Sie ein solches Kind haben, dann führen Sie es ab und an in einen Aromagarten, wie ihn botanische Gärten oft haben.

„Das schmeckt mir.“ „Gut, das ist fein“, meint der gustatorische (Geschmacks-)Typ, „das ist ganz nach meinem Geschmack.“ Wie der olfaktorische Typ ist der Geschmackstyp in Reinform auch selten verbreitet.

Es ist nicht nötig, jetzt eine Typeinteilung bei Ihrem Kind vorzunehmen – es ist nur ratsam, dass Sie sich damit beschäftigen, dann wird Ihre Sprache beim Geschichtenerzählen lebendiger, und Sie erhalten einen besseren Draht zu Ihren Kindern. Während Ihre Kinder vielleicht auf dem Kanal „Gefühle“ senden: „Du kannst mich einfach nicht verstehen“, senden Sie vielleicht gerade auf dem visuellen Kanal: „Sieh es doch endlich ein, dass ich mir das nicht vorstellen kann.“ Wir listen nun nachfolgend die in dem jeweiligen Sinneskanal häufig verwendeten Worte bzw. Redewendungen auf:

Visuell (sehen)

Ausschau
Bild
Erscheinen
Film
offensichtlich
Show
träumen
vorstellen
wahrnehmen

Aussehen
betrachten
einleuchtend
Horizont
Klarheit
sehen
schauen
untersuchen
vorhersehen

auffallend
demonstrieren
Illusion
Nachsicht
sichtbar
Sicht
Vorsicht
Winkel
vorhersehen

Redewendung (visuell)

Auge in Auge
das Licht der Welt erblicken
den Horizont erweitern
die Vorausschau
ein eigenes Bild machen von
eine höhere Sicht der Dinge
eine nebulöse Vorstellung
etwas in besserem Licht sehen
flüchtig zu sehen bekommen
ich habe ihn sofort erkannt
mit geschlossenen Augen
ohne Schatten eines Zweifels
plötzlich blitzte eine Idee auf
so gesehen

aus der Vogelperspektive
durch die rosarote Brille sehen
die Wahrheit liegt im Dunklen
eine einfache Sichtweise
ein klarer Schnitt
eine Szene machen
ein Bild malen
geistiges Auge
mir scheint
mit dem bloßen Auge erkennbar
sich sehen lassen können
wir werden weitersehen
von etwas wegschauen
wie gemalt

Auditiv (sagen/hören)

ausrufen
äußern
bemerken
erwähnen
horchen
klingeln
leise
plaudern
sagen
Stille
Vokal

aussagen
artikulieren
buchstabieren
erkundigen
Hörweite
klagen
ohrenbetäubend
Reportage
Sound
sprachlos
vortragen

ankündigen
aussprechen
erzählen
fragen
hören
laut
sprechen
schwatzen
schrill
Ton
vorsingen

Redewendung (auditiv)

ausgesprochen
buchstäblich nehmen
die Gäste begrüßen
einen Bericht abgeben
eine Zeit einläuten
ganz zu schweigen von
hell wie eine Glocke
in klingende Münze
Lockruf des Goldes
laut tönen

aufhören
den Mund halten
erhört werden
gut informiert
gut gebrüllt Löwe
hör mal, wer da spricht
jemandem nach dem Mund reden
leih mir dein Ohr
laut und deutlich
Märchen erzählen

nutzloses Gespräch
stilles Einverständnis
sich nach jemandem erkundigen
sich Gehör verschaffen
Wahrheit erzählen
Plappermaul sein
Stimmen hören
schnurren wie ein Kätzchen
Reden ist Silber, Schweigen ist Gold

Kinästhetisch (fühlen)

aktiv
berühren bewegen
durcheinander
erregt
geschlagen
knoten
seicht
traurig
angenehm
Druck
emotional
fest verwurzelt
Handgriff
untragbar
verärgert
ahnungsvoll
erhitzt
gerührt
intuitiv
lauwarm
schubsen
unterstützen
zupacken

Redewendung (kinästhetisch)

abgebrüht sein
die Karten auf den Tisch legen
die Gewohnheit verlassen
einen kühlen Kopf bewahren
es geschnallt haben
eine tragende Rolle
gebranntes Kind
Hand anlegen
in Stein gemeiselt
leicht werden können
roh wie eine Kartoffel
scharf wie eine Rasierklinge
spannende Stunden erleben
unter Kontrolle haben
an einem Strang ziehen
die alten Gewohnheiten verwerfen
den Standpunkt ändern
Einführung in die Praxis
fühlen wie angenehm
herunterkochen
Hand in Hand
mit Herz und Verstand
schützende Hand darüber halten
sich ganz hingeben
stark wie ein Löwe
praktische Handhabung
zurechtkommen mit
sich neuen Herausforderungen stellen

Olfaktorisch (riechen) / Gustatorisch (schmecken)

Olfaktorisch (riechen)

Aroma
einatmen
inhalieren
riechen
schnuppern
süßlich
aromatisch
bezaubernd
herb
opulent
rauchig
schnaufen
betörend
duftend
penetrant
schnüffeln
stinken
vermodert

Redewendung (olfaktorisch)

aromatische Gerüche
ein penetranter Duft
holzige Note
verbrannte Erde
Stadtluft schnuppern
das süßliche Aroma
Gefahr wittern
Lebkuchenaroma
verrauchte Kneipe
Weihnachtsduft

Gustatorisch (schmecken)

bitter
gebraten
kandiert
sauer
süß
bekömmlich
geräuchert
lecker
salzig
verbrannt
gegrillt
schmecken
scharf
versalzen

Redewendung (gustatorisch)

aufs Butterbrot schmieren
Butter bei den Fischen
dumme Nuss
das ist doch Käse
ganz nach meinem Geschmack
Saure-Gurken-Zeit
beleidigte Leberwurst
das ist doch kalter Kaffee
die Schokoladenseite
den Senf dazugeben
sich die Rosinen herauspicken

Sie können nun besser beobachten, zu welchem Typ Ihr Kind gehört. Nutzen Sie den bevorzugten Eingangskanal Ihres Kindes häufig. Es erleichtert Ihnen die Kommunikation. Außerdem werden Ihre Geschichten dadurch lebendig, dass Sie möglichst häufig die Repräsentationssysteme wechseln:

„Und weil du jetzt gleich siehst, wie dieser wunderbare Sonnenschein den Himmel erhellt, hörst du von der Ferne die Vögel zwitschern. Sie singen ihre fröhlichen Lieder, während du dich wohl fühlst."

Dazu kommen jetzt wieder die Verbindungsworte vom letzten Kapitel ins Spiel. Wenn Sie Ihre Kinder schnell in einen Ruhezustand bringen möchten, dann ist es geradezu notwendig, mit den Sinnen zu spielen. Bitte machen Sie jetzt folgende Übung: Wechseln Sie von einem Kanal zum anderen, indem Sie einen Satz anfangen und nacheinander visuelle (V), auditive (A) und kinästhetische (K) Wahrnehmung ansprechen. Sie können sich das ganz leicht merken. Gehen Sie einfach Ihren Körper entlang. Fassen Sie sich an die Augen, dann an das Ohr und auf den Bauch, während Sie sprechen, und verbinden Sie Ihre Aussagen wieder mit Verbindungsworten.

Sie können das Ganze noch steigern, wenn Sie jetzt noch einmal üben. Diesmal gehen Sie wieder alle Sinneskanäle außer Geruch und Geschmack durch und wechseln zwischen einer externen Wahrnehmung (e) und einer inneren Wahrnehmung (i).

Vor deinem geistigen Auge (V,i) siehst du den Tag vorüberziehen und hörst nur noch meine Stimme (A,e), während du dich leichter und leichter fühlen (K,i) kannst du es sehen, dein schönes Kinderzimmer (V,e), und zu dir selbst sagen (A,i) „Wie schön ist es, hier zu liegen und zu entspannen." Und fühl, wie warm es in deinem Bett ist (K,e), weil du völlig ruhig daliegst ...

Ich benutze diese Art der Trance nicht immer, meist lasse ich mich selbst von meinen Worten treiben. Bereits weiter oben haben wir erarbeitet, dass es notwendig ist, den Zustand, den man in anderen erzeugen möchte, zunächst in sich selbst zu tragen. Das bedeutet, dass es natürlich am einfachsten ist, selbst in eine Art Trance zu gehen und mit dieser Ruhe Ihre Geschichten zu erzählen. Oder selbst völlig konzentriert zu sein, den Zustand geistiger Höchstleistung und vollkommener Wachheit in Ihnen zu erwecken, um dann mit einer solchen Motivationsgeschichte Ihre Kinder von ihren eigenen Fähigkeiten zu überzeugen und aufzumuntern. Dieses Thema haben wir bereits im Abschnitt 3.5 bei Synästhesiewechseln ausführlich behandelt.

5.6 Das ganze Orchester zusammen: Jetzt sind Sie der Dirigent Ihrer eigenen Geschichten

Wenn Sie bis jetzt jedes Kapitel aufmerksam gelesen haben, dann haben Sie eine Menge für Ihre Kinder getan. In jedem Fall wissen Sie jetzt viel über die Wirkungen Ihrer Worte. Deshalb möchte ich Ihnen nun die beiden Strategien zur Beruhigung und zur Verbesserung der Konzentration Ihrer Kinder vorstellen. Beide beinhalten alle linguistischen Werkzeuge, die Sie bisher gelernt haben.

Wenden wir uns zunächst *gesteigerter Konzentration* zu:
- ➜ angenehme Atmosphäre schaffen: abholen (Pacing), um danach sofort die Führung zu übernehmen (1)
- ➜ den fest verankerten Zustand von Konzentration erinnern (2)
- ➜ internen Dialog Ihres Kindes abstellen (3)
- ➜ Spannung erzeugen (4)
- ➜ Stimmung verändern von ruhig in unruhig (4a)
- ➜ Fokussierung (4b)
- ➜ analoges Markieren, etwas lauter und deutlicher (5)
- ➜ Repräsentationssysteme visuell, auditiv, kinästhetisch, olfaktorisch/gustatorisch (6)
- ➜ Erläutern des optimalen Verhaltens in der Zukunft (7)
- ➜ posthypnotischer Befehl (8)

Für den gesamten Prozess gelten, zur Erinnerung, nachfolgende Regeln. Betonung aller Sätze am Ende nach unten. Sagen Sie, was Sie wollen, und *nicht*, was Sie *nicht* wollen! Positive Formulierungen! Benutzen Sie Verbindungsworte, Metaphern, und spielen Sie auf allen Eingangskanälen Ihres Kindes. Daneben ist der Wechsel von einer Geschichte zur zweiten, zur tiefsten dritten, also die Installationstechnik, bedeutsam. Diese allgemeinen Regeln gelten für jeden Prozess, auch für die Entspannung.

Bei den *Einschlaf- oder Beruhigungsgeschichten* könnten Sie zum Beispiel folgende Strategie anwenden:
- ➜ angenehme Atmosphäre, Einschlafritual – Stimmung im Raum, Abfolge von bestimmten Handlungen (1)

- Erinnern und Herstellen eines verankerten ruhigen Zustands in Ihnen (2)
- Ausschalten des internen Dialogs in Ihrem Kind (3)
- Ruhe erzeugen (4)
- *Stimmung verändern von unruhig in ruhig (4a)*
- *Defokussierung (4b)*
- analoges Markieren langsam und betont ruhig (5)
- Repräsentationssysteme visuell, auditiv, kinästhetisch, olfaktorisch/gustatorisch (6)
- posthypnotischer Befehl (8)

Ruhe erzeugen können Sie mit nonverbaler Tranceinduktion noch unterstützen, indem Sie, wie weiter oben beschrieben, leicht Ihre Hand auf den Rücken oder Bauch des Kindes auflegen und dann jedes Mal, wenn das Kind ausatmet, leicht im selben Rhythmus darauf drücken.

Damit es Ihnen nun leichter fällt, auf all diese Punkte zu achten, erhalten Sie ein kurzes Beispiel für beide Zustände, mit Beschreibung der einzelnen Zustände.

Konzentration. Lesetrance

Setz dich bequem hin (1), atme einmal tief ein aaaaaaaahhhhh und aus: „Puuuuuhhhhh." Und während du jetzt deine Augen schließen kannst du es jetzt genau hören, wie ruhig du atmest. Und spür, welchen Unterschied es macht, wenn du jetzt nur noch meiner Stimme (3) zuhören fällt dir leicht, tiefer und tiefer zu sinken in eine neue Geschichte. Es war einmal ein kleiner Junge namens Tom, der lebte in einem großem Haus. Er hatte einen dicken braunen Bären zum Freund, der sich weich anfühlte. Der Bär war aber nicht wie andere Bären auf der Welt. Dieser Bär hatte, damit er besser sah, eine Brille auf seiner Nase und konnte lesen. Der Bär saß also den ganzen Tag vor seinen Büchern und las. Weil der Bär so gut vorlesen konnte, musste der kleine Tom nie richtig lesen lernen, und in der Schule wurde Tom so immer besser im Rechnen, aber im Lesen war er sehr langsam, und es fiel ihm nicht leicht, seinen Schulkameraden zu folgen. Eines Tages kam Tom zu seinem weichen Freund, dem Bären, nach Hause und erzählte, dass in vier Tagen ein Lesewettbewerb in der Schule stattfindet. „Aber ich kann doch gar nicht gut genug lesen", weinte Tom. Da sprach der Bär: „Hab nur Geduld, ich bringe es dir bei, dann KANNST (5) du so GUT LESEN wie der BESTE!" Der Bär und Tom setzten sich sofort hin und der Bär sprach: „Schließe deine Augen und gehe mit mir das ganze Alphabet durch. (langsam sprechen) ERINNERE dich an ein großes A, dann ein Z jetzt ein B – das Ypsilon – C und X – jetzt ein D und das W – ein E und das Vau – eF und U – nun male vor dein geistiges Auge ein G und fühle, wie TOLL sich das T anfühlt. Erinnere dich an das H und das S, das R und das I und lass das J mit dem Q tanzen und freu dich über das K mit dem P und das L mit dem O und sieh zum Schluss ein großes N. (etwas schneller und motivierend weiterlesen) (4a) Und während du dich JETZT an ALLE einzelnen BUCHSTABEN erinnern KANNST du dir jetzt LEICHT und SICHER vor deinem geistigen Auge VORSTELLEN, wie du dich jetzt LEICHT und SICHER konzentrieren KANNST und deine ganze KRAFT auf jeden einzelnen Buchstaben LENKEN KANNST du es JETZT SPÜREN, wie LEICHT es GEHT. JETZT fällt es dir LEICHT zu LESEN.

Du ERINNERST dich SOFORT an jeden einzelnen Buchstaben genau in dem Moment, wenn du ihn SIEHST fällt er dir wieder ein und du bildest aus Buchstaben WORTE und aus WORTEN werden ganze SÄTZE, und je mehr du liest, desto EINFACHER geht es DIR jetzt, weil DU an DICH GLAUBST! Weil du WEISST, dass DU es KANNST und weil DU dich jederzeit ERINNERN KANNST. Vollkommene RUHE und KONZENTRATION machen es DIR LEICHT. DU SCHAFFST es! DU KANNST JETZT leichter LESEN, indem du DICH erinnerst, was DU schon alles richtig GUT GEMACHT hast. Jetzt erinnerst DU dich an einen MOMENT in DEINEM LEBEN, wo du alles RICHTIG gemacht hast. Wo alle zu DIR gesagt haben: DAS hast DU TOLL gemacht. Du hast es GESCHAFFT! ERINNERE DICH genau, was DU damals gesehen hast! Wie hörte es sich an? Wie toll war das gute GEFÜHL, es GESCHAFFT zu haben? Ist es nicht schön, daran zu DENKEN? Mach jetzt das gute GEFÜHL mit jedem ATEMZUG STÄRKER und mit Deiner LINKEN Hand eine Faust. JETZT!

Und IMMER, wenn DU wieder etwas LIESST, dann erinnerst DU DICH an diese vollkommene KONZENTRATION, weil DU eine FAUST machst, mit Deiner LINKEN Hand. Es fühlt sich an, als würdest du eine Tankstelle für Konzentration haben. In dem MOMENT, wenn du deine LINKE Hand zu einer FAUST ballst, verfügst du über absolute KONZENTRATION. (4b) JEDER Buchstabe, JEDES Wort, JEDER Satz, JEDES SATZZEICHEN zu lesen fällt dir damit leichter und leichter, und JETZT ist der MOMENT ABSOLUTER KONZENTRATION. Glaube mir", sagte der Bär, „immer wenn du eine FAUST mit DEINER LINKEN HAND machst, dann kannst DU es schaffen, egal, was es ist. Du musst es dir nur vorstellen. JETZT!" Diese Übung machten der BÄR und Tom jeden TAG und jeden ABEND, bis der große TAG da war. Und am vorletzten Abend, da fügte der Bär noch hinzu: (7) „Stell dir jetzt vor, du bist in DEINEM KLASSENZIMMER, in dem bereits alles für den LESEWETTBEWERB vorbereitet ist. JETZT ist es so weit. Du bist ganz ENTSPANNT. DU bist gleich dran. Deine Lehrer sind ALLE da. Alle Kinder sind da. JETZT BIST DU DRAN! DU machst eine FAUST mit DEINER LINKEN HAND und KONZENTRIERST dich vollkommen mit DEINER ganzen KRAFT auf die SEITE, die vor DIR liegt. DU erkennst JEDEN Buchstaben, jedes WORT, jeden SATZ und LIESST LEICHT ... LESEN und ERINNERN fallen DIR LEICHT und ALLE hören dir jederzeit GERNE zu. Nachdem du zu Ende gelesen hast, ist einen Moment Stille, dann fangen die Lehrer zu KLATSCHEN an. Sie klatschen und dann alle Schüler. Sie freuen sich, weil DU so AUSGEZEICHNET gut gelesen hast und JUBELN dir zu. Jetzt hast du es GESCHAFFT: LESEN und ERINNERN fallen DIR LEICHT! JEDERZEIT." Und so war es dann auch. Und am nächsten Tag war der große Test. Und Tom las EINFACH LEICHT und SICHER alles vor, was auf dem Blatt stand, welches er bekommen hatte. Und er fühlte sich LEICHT und BESCHWINGT, so wie DU jetzt auch, und weil du DICH gut fühlst, erlaube DIR, dich noch ein bisschen besser zu fühlen und leichter und mach noch einmal eine FAUST mit Deiner LINKEN HAND. Und wenn du jetzt glaubst, dass diese Geschichte wahr ist und du sie genauso ERLEBEN wirst, dann, und nur dann (8) kannst du deine Augen wieder öffnen und bist WACH, ERFRISCHT und ERLEICHTERT. AAAaaaaaaahhhhhhhhhhhh.

Wenn Sie diese Übung Ihrem Kind immer wieder vorlesen, dann wird sich das Lesen spürbar verbessern. Erstens wird die Reizleitung Lesen mit der Reaktion LEICHT verbunden, zweitens löst sich der Leistungsdruck in Wohlgefallen auf. Ganz einfach, leicht und sicher. Ausprobieren.

Wenden wir uns nach diesem Beispiel nun der Entspannung zu. Sicher können wir auch in dieser Entspannungsübung in einer tieferen Ebene eine wohlfällige Botschaft an unser Kind richten. Noch ein Wort zum so genannten „posthypnotischen Befehl". Damit wird die Wirkung Ihres Tuns noch verstärkt. Mit ziemlicher Wahrscheinlichkeit wird er ausgeführt werden. Wenn wir Einschlafrituale zelebrieren, dann sollten wir unserem Kind auch die Möglichkeit geben, aus tiefer Trance wieder aufzuwachen. Auch wenn das erst am nächsten Morgen der Fall sein darf. Ein solcher posthypnotischer Befehl kann zum Beispiel lauten: „Und morgen, um halb sieben, wirst du ganz erfrischt wieder aufwachen, voller Kraft, Konzentration und guter Laune für einen neuen Tag."

Wenn Sie die nächste Geschichte lesen, dann verändern Sie doch einmal Ihren internen Dialog entsprechend den Figuren. Der Trödler ist ein alter, bärtiger und weißhaariger Mann mit krächzender Stimme, und die Kinderstimmen sind hell und klar. Nach wie vor gilt: Jeder Satz wird am Ende nach unten betont.

Leg dich nun so bequem hin, (1) wie du gestern eingeschlafen bist, und atme einmal tief ein aaaaaaaahhhhh und aus: „Fffffffffffff." Und während du jetzt deine Augen schließen kannst du es jetzt genau hören, wie RUHIG du atmest. Und SPÜR, welchen Unterschied es macht, wenn du jetzt nur noch meiner Stimme (3) zuhören fällt dir leicht TIEFER (5) und TIEFER zu sinken in eine neue Geschichte.

(zweite Ebene) *Es war einmal in einem fernen Land, da lebte ein Trödler. Ein Trödler ist ein Mann, der alte Gegenstände in einem RUHIGEN kleinen Laden an andere Leute verkauft. Der Trödler war sehr nett. Jedes Ding, das er in seinem Laden verkaufte, hatte seine eigene Geschichte. Der Trödler hatte einen sehr interessanten Laden, und so kamen jeden Tag viele Kinder, um sich von den vielen Sachen, die der Trödler um sich sammelte, erzählen zu lassen, so wie du jetzt auch.*

„Was ist das für eine Teekanne", fragte ein kleines Mädchen. „Du meinst diese silberne Teekanne, mit dem Holzgriff aus Rosenholz, die da (4a) BERUHIGT am Regal der RUHE hängt?", fragte der alte Trödler. (dritte Ebene)

Das ist eine lange Geschichte. Sie beginnt an dem Tag, an dem die kleine Chi Hu zum ersten Mal mit ihrer Großmutter in den ruhigen Teeladen in Saigon durfte. Und wenn du jetzt mit in den Teeladen gehen möchtest, dann stell dir einfach einen KLEINEN Laden vor, in dem hinter einer hohen Theke aus Holz, auf der eine goldene Waage steht, ein großes Regal (4b) zu sehen ist, auf dem VIERHUNDERTVIERUNDVIERZIG große Teedosen stehen, mit Tees aus der ganzen Welt. In jeder der bunten Dosen aus Metall sind andere Sorten zu RIECHEN. Der ganze Laden riecht nach (4b) Weihrauch und Obst, Tee und Zimt. Der Besitzer des Teeladens ist sehr freundlich zur Großmutter, zu Chi Hu und dir.

Er reicht die Teedose herum und sagt: „Während du mit einem TIEFEN Atemzug den Genuss dieser außergewöhnlichen Teeblätter RIECHEN kannst, siehst du die Teeplantagen Ceylons vor deinen Augen, deren Anblick dich sehr MÜDE macht." Die Großmutter sagt: „Ich hätte gerne einen SCHLAFTEE, damit wir besser BERUHIGT EINSCHLAFEN können." Der Besitzer des Teeladens macht sehr LANGSAME und RUHIGE Bewegungen und sucht geschickt zwischen all den VIERHUNDERTVIERUNDVIERZIG Teedosen den RICHTIGEN Tee heraus. Er öffnet die Teedose und lässt jeden einmal am SCHLAFTEE schnuppern, dich auch. (vierte Ebene)

Und weil du sehr TIEF eingeatmet hast, SPÜRST du jetzt, wie RUHIG dich allein der wunderbare GERUCH des SCHLAFTEES macht. Es ist WUNDERBAR. Du FÜHLST dich LEICHT an, beinahe wärst du mit dem AROMA des Tees WEGGESCHWEBT, doch dafür ist später noch Zeit, beim Teetrinken wirst du TIEF EINSCHLAFEN.

Aaaaaaaahhhhhhh. (dritte Ebene) *Jetzt geht ihr drei nach Hause in das schöne Haus der Großmutter liegt zwischen hohen Palmen, die ruhig im Wind schaukeln macht dir Spaß. „Und jetzt ist es Zeit ins Bett zu gehen", sagt die Großmutter und TIEF EINZUSCHLAFEN. Sie kocht den SCHLAFTEE auf einem kleinen Ofen mit RUHIGER Flamme. Sie füllt das warme Wasser in eine silberne Teekanne mit einem Griff aus Rosenholz. Dann spricht sie: (wieder vierte Ebene) „Leg dich ganz ruhig hin und fühl, wie du SCHWERER und SCHWERER wirst, während jeder Schluck dieses Tees dich mehr und mehr BERUHIGT." Du nimmst einen TIEFEN Schluck vom SCHLAFTEE und spürst, wie du mit jedem Schluck TIEFER und TIEFER einschlafen kannst du es jetzt fühlen, wie leicht es geht. Alles wird SCHWER, DEINE Füße werden schwer und deine Hände fangen an, so SCHWER zu werden, dass sie fest auf dem Bettlaken liegen bleiben. Und mit jedem Atemzug fühlst du dich LEICHTER ums Herz. Atme tief ein und fühl, wie dich jeder Atemzug davonschweben lässt, in das REICH des TIEFEN SCHLAFES, während du fest am Boden liegen bleiben kannst du es jetzt FÜHLEN, wie LEICHT es sich anfühlt, SICHER zu SCHLAFEN.*

(dritte Ebene) *Und alle Kinder schlafen durch die ganze Nacht wacht die Großmutter an deinem Bettchen.*

(zweite Ebene) *Der Trödler nimmt die Kanne vom Regal und poliert sie ein wenig. Dann nimmt er den Deckel von der Teekanne, und die Kinder dürfen hineinschnuppern. Ruhiger Schlaftee hat seinen GERUCH hinterlassen. (erste Ebene) Und weil du ruhiger und ruhiger wirst, mit jedem Atemzug, kannst du FÜHLEN, wie du (7) morgen, um halb sieben, wieder ganz erfrischt aufwachen wirst, voller Kraft, Konzentration und guter Laune für einen neuen Tag.*

Sie merken, jetzt, wo Ihnen eine Reihe von möglichen Strategien bekannt sind, lesen Sie die Geschichten viel aufmerksamer und sehen mehr aus dem Text heraus als vor der Lektüre dieses Buches. Würden Sie das ganze Buch noch einmal lesen, dann könnten Sie auch die vielen Verschachtelungen entdecken, die eingefügt wurden, um Ihnen das Lernen zu erleichtern. Jetzt sind Sie gewappnet. Jetzt kann es losgehen.

6. Schlusswort

6.1 Jetzt sind Sie wieder dran. Drauflosreden lernen, Wirkungen erkennen, Prozess optimieren ...

Sollten Sie wegen der vielen versteckten Sprachmuster und Techniken nun denken, dass Sie das nicht so leicht umsetzen können, kann ich Sie nur ermuntern. Sicherlich wird es Ihnen *leicht fallen*, immer gleich an alles zu denken. Wenn Sie aber *nie* anfangen, dann werden Sie auch *nie* erfahren, wie leicht es wirklich ist.

Jetzt ist der richtige Zeitpunkt anzufangen. Gleich heute Abend geht's los für die erste Einschlafgeschichte. Oder heute Nachmittag zu den Hausaufgaben für die Optimierung der Konzentration.

Achten Sie dabei auf die Wirkungen und optimieren Sie dann jedesmal MEHR und MEHR Ihre POSITIVEN ERGEBNISSE. Sie SCHAFFEN das! Wie kann man das Ergebnis optimieren?

Nutzen Sie Feedbacksignale Ihrer Kinder. Sehen Sie Ihr Kind genau an, wenn Sie Geschichten erzählen – es gibt Ihnen klare Feedbacksignale. Eine gerunzelte Stirn, ein verwunderter Blick – trotz geschlossener Augen – verraten Ihnen, dass Sie etwas klarer werden müssen. Präziser in Ihren Bildern oder diffuser, je nachdem, wie die Reaktion ausfällt.

Leichtes Erröten, ein Schmunzeln oder ein fröhliches, gelöstes Gesicht bedeuten Ihnen, dass Sie genau richtig liegen, mit Ihren Assoziationen, mit den Klängen und Gefühlen, die Sie beschreiben. Hüten Sie sich jedoch vor Fehlinterpretationen: Sprechen Sie nach jeder Übung kurz mit Ihren Kindern. Fragen Sie: „Wie hat dir diese Übung gefallen? Hast du was gesehen, in deinem inneren Kino? Welches Gefühl hat sich bei dir eingestellt?" Korrigieren Sie Ihre Kinder danach nicht. Korrigieren Sie ausschließlich sich selbst. Sie sind derjenige, der die Bilder entstehen lässt. Alles ist gut, und wenn es nur dazu dient, dass Sie etwas dazulernen. Lassen Sie die Eindrücke Ihres Kindes so stehen, wie sie sind, und vor allem: Interpretieren Sie nichts hinein. Ihre Aufgabe in diesem Prozess ist, dass Sie ihn einleiten. Die Feedbackrunde zeigt Ihnen dann auf, was Sie noch besser machen können. Wenn Ihr Kind nicht darüber sprechen möchte, dann lassen Sie das bitte auch zu. Es ist wichtig, dass Ihr Kind darüber die freie Wahl hat, was es Ihnen sagen will. Vermutlich war es dann einfach in Ordnung, was Sie erzählt haben, vielleicht ist Ihr Kind auch eingeschlafen. Noch besser. (Es sei denn, es handelte sich um die Konzentrationsübung.)

Manchmal passiert es auch, dass Kinder bei der Einschlafübung wach bleiben, weil sie sich wach gehalten haben. Meist gibt es dann noch etwas Wichtiges zu erzählen, was den Kindern gerade jetzt, wo es still geworden ist, in den Sinn kommt. Unterbrechen Sie dann sofort Ihre Geschichte und lassen Sie sich erzählen, was Ihrem Kind noch auf dem Herzen liegt. Das erleichtert nicht nur das weitere Vorgehen, es versteht sich auch von selbst, dass die Anliegen Ihrer Kinder Vorrang haben vor allem anderen. Es ist doch toll, wenn Ihre Kinder Ihnen etwas zu erzählen haben. Eines Tages kommt der Abnabelungsprozess vom Elternhaus, dann können wir Eltern uns an diese Zeit freudig zurückerinnern.

Noch ein paar Tipps für die Einschlafübungen: Lassen Sie Ihre Kinder sich so hinlegen, wie sie normalerweise schlafen. Also nicht auf den Rücken, wenn Ihre Kinder normalerweise auf der Seite liegen, wenn sie schlafen. Auch das ist ein Anker.

Wenn Sie die Einschlafgeschichten erzählen, dann sollten Sie ab und zu Ihre eigenen Augen schließen. Das ist wichtig, um dieselben Voraussetzungen zu haben wie Ihre Kinder. So halten Sie Kontakt zu Ihren Kindern und erhöhen gleichzeitig Ihre eigene Konzentration. Nur so können Sie überprüfen, ob Ihre Geschichten gerade jetzt auch schlüssig sind.

Bringen Sie sich in Redefluss. Mit den zahlreichen Übungen, die ich Ihnen bis hierher vorgeschlagen habe, schaffen Sie es leicht, diese Hemmschwelle des „Drauflosredens“ zu überwinden. Vertrauen Sie auf sich. Sie können jederzeit beginnen. Wichtig ist dabei, dass Sie zunächst Ihren eigenen internen Dialog abschalten! Glauben Sie mir, freie Geschichten sind nur dann zu erzählen, wenn nicht dauernd jemand in Ihrem Kopf mitspricht. Sie brauchen zum Erzählen diese innere Stimme nicht. Sprechen Sie das, was Sie denken, einfach aus. Reflektieren Sie nicht, ob das, was Sie gerade sprechen, in Ihre Geschichte passt oder nicht. Das kommt später dran. Zuerst müssen Sie sich in Redefluss bringen, damit es richtig gut wird.

Lassen Sie zur Kontrolle über das, was Sie sprechen, ein Tonband mitlaufen und hören Sie sich selbst beim Geschichtenerzählen zu. Sie werden überrascht sein, wie schlüssig Ihre eigenen Erzählungen sind.

Es gibt viele Möglichkeiten, einen passenden Einstieg für Geschichten zu finden. Probieren Sie mal, sich beim Erzählen nur von der Musik treiben zu lassen. Kaufen Sie sich CD's mit orientalischer Musik oder asiatischer oder indischer oder Musik aus der Karibik. Sie werden sehen, allein die Musik entführt Sie in eine andere Geschichtenwelt. Achten Sie dabei darauf, dass Sie nur Instrumentalmusik verwenden. Jeder Radiomoderator weiß, dass er zu sprechen aufhören muss, wenn jemand anfängt zu singen.

Oder Sie nutzen die Drei-Begriffe-Methode, um in Ihre Geschichte zu kommen. Ihre Kinder nennen Ihnen dazu drei Worte oder mehr, die Sie in das Märchen einbauen müssen. Achten Sie dabei darauf, dass Sie diese Begriffe schnell unterbringen, damit die Konzentration Ihrer Kinder nicht ausschließlich darauf gelenkt ist, ob Sie die Aufgabe nun schon erfüllt haben oder nicht. Das erleichtert das Einschlafen.

Vielleicht schaffen Sie sich eine kleine Kartei an, um aus Ihren Geschichten ein Spiel zu machen. Ein kleiner Schuhkarton, gefüllt mit kleinen Pappkarten. Auf jeder Karte ist ein Akteur und seine Eigenschaften verzeichnet. So findet sich eine Spielkarte für den furchtsamen Frosch, die diebische Elster, den sprechenden Lebkuchen, die singende Blume, den schönen Prinzen, die lügende Prinzessin, den suchenden Kapitän, den furchtlosen Astronauten, den lachenden Bauern, die mutige kleine Hexe, den zaubernden Bäcker, die plappernde Ente usw. Bevor es ins Bett geht, dürfen Ihre Kinder dann Abend für Abend vier Karten ziehen.

6.2 Radio Papa – Sendestart

Ich freue mich, dass Sie über so viele Buchseiten hinweg mitgearbeitet haben. Damit haben Sie sich selbst bewiesen, dass Sie gewillt sind, die Beziehungen zu Ihren Kindern selbst in die Hand zu nehmen. Ich wünsche Ihnen, dass diese Beziehung noch mehr an Tiefe und Herzlichkeit gewinnt.

Und wenn jemand zu Ihnen kommt und Ihnen sagt: „Sie haben ein hyperaktives Kind“, dann können Sie jetzt laut lachen und ihm entgegnen: „Unser Kind heißt Dennis. Er ist aufgeweckt und stellt uns einige Herausforderungen, und wir lieben ihn von ganzem Herzen, und von Tag zu Tag wird es schöner mit ihm.“ Denken Sie an das von Paul Watzlawick formulierte Gesetz: „Die Prophezeihung des Ereignises führt zum Ereignis der Prophezeihung!“

Sie haben sich nun über eine Anzahl verschiedener Techniken informiert. Die dreiteilige Ich-Botschaft steht Ihnen genauso wie die eindeutigen Regeln und klares Feedback oder nonverbale Kommunikation und Geheimsignale als Wahlmöglichkeiten für Ihr zukünftiges Handeln zur Verfügung. Wir besitzen jedoch nur das, was wir gebrauchen. Deshalb möchte ich Sie dazu motivieren, mehr und mehr an der Verfeinerung dieser Techniken zu arbeiten. Je spontaner Sie die vielen Möglichkeiten einsetzen können, desto höher ist ihre Wirkung.

Jetzt hat auch Ihr Rückzug aus dem Realitätstunnel ADHS begonnen. Jetzt können Sie sich gegen alle Bewertungen von Lehrern, Schule, Arzt, Freunden wehren!

Negative Gefühle können Sie jetzt einfach herumdrehen. Und denken Sie immer daran, dass Sie regelmäßig Herrn Griesgram von Ihrer Schulter werfen. Schaffen Sie sich einen inneren Herrn Fröhlich an, der Sie motiviert und Ihnen Mut zuspricht, gegen die oberflächlichen Bewertungen Außenstehender anzugehen.

Ich wünsche Ihnen auf diesem Weg viel Erfolg! Erkennen Sie jeden Fortschritt an, sicherlich wird es auch Rückschläge geben. Nehmen Sie dann wieder dieses Buch zur Hand, schlagen Sie es an irgendeiner Stelle auf und lesen Sie, was Sie dort finden. Sie werden sehen, schnell erinnern Sie sich wieder an die zahlreichen Wahlmöglichkeiten, die Sie jederzeit haben, um auf das Verhalten Ihrer Kinder angemessen zu reagieren. Sie wissen ja, unser Gehirn vergisst nichts.

Ich hoffe, mit den zahlreichen Übungen und Anregungen zu einem besseren Zusammenleben unter Ihnen beigetragen zu haben, und wünsche mir für Sie, dass Sie sich jederzeit sagen können: „Mein Kind ist ein Energiebündel, es ist kreativ, flexibel und selbstsicher. Vor allem aber ist es einzigartig, und ich liebe es, so wie es ist.“ Und dann wünsche ich Ihnen noch, dass Sie eines Tages von Ihren Kindern hören: „Mama, Papa, erzählst du uns noch eine Geschichte?“

Wenn Sie Wolfgang Krebs zu Vorträgen und Workshops einladen möchten oder aus anderen Gründen Kontakt zu ihm aufnehmen möchten, dann schreiben Sie an:

Wolfgang Krebs & Partner
Training, Beratung.
Silberstraße 5a
87600 Kaufbeuren

Internet: wolfgangkrebs.com
eMail: Wolfgang.Krebs@t-online.de

Literatur

Armstrong, Th.: *Das Märchen vom ADHS-Kind. 50 sanfte Möglichkeiten, das Verhalten Ihres Kindes zu verbessern – ohne Zwang und ohne Pharmaka.* Junfermann, Paderborn 2002

Bandler, R. & Grinder, J.: *Metasprache & Psychotherapie.* Junfermann, Paderborn ¹⁰2001

Bandler, R. & Grinder, J.: *Kommunikation & Veränderung.* Junfermann, Paderborn ⁸2001

Bandler, R. & Grinder, J.: *Patterns.* Junfermann, Paderborn ²2000

Biddulph, Steve & Shaaron: *Wie die Liebe bleibt.* Beust, München 1999, S. 69

Carlson, R.: *Alles kein Problem in der Familie.* Droemer Knaur, München 2000

Lütge, L.R.: *Carlos Castaneda und die Lehren des Don Juan.* Hermann Bauer, Freiburg 1991

Cameron, J.: „Parental Treatment, Children's Temperament, and the Risk of Childhood Behavioral Problems", *American Journal of Orthopsychiatry,* Vol. 48, Nr. 1, Januar 1978, S. 146

„Das Zappelphilipp-Syndrom" in: *Der Spiegel,* Nr. 29 /15. Juli 2002

Gardner, H.: *Intelligenzen. Die Vielfalt des menschlichen Geistes.* Klett-Cotta, Stuttgart 2002

Gordon, D.: *Therapeutische Metaphern.* Junfermann, Paderborn ⁵1995

Neuhaus, C.: *Das hyperaktive Kind und seine Probleme.* Ravensburger, Ravensburg 2002

Kurcinka, M.S.: *Raising Your Spirited Child.* HarperCollins, New York 1993

Ornstein, R.: *Die Psychologie des Bewußtseins.* Kiepenheuer und Witsch, Köln 1982

Ostrander, Sh. & N. & Schroeder, L.: *Leichter lernen ohne Stress. Superlearning.* Goldmann, München 1990

Ostrander, Sh. & Schroeder, L.: *Fitness für den Kopf mit Superlearning.* Goldmann, München 1999

Watzlawick, P.: *Anleitung zum Unglücklichsein.* Piper, München 1988

Wilson, R.A.: *Der neue Prometheus. Die Evolution unserer Intelligenz.* Rowohlt-Tb, Reinbek 1996

Zentall, S.S. & Zentall, T.R.: „Activity and Tasks Performance of Hyperactive Children as an Function of Environmental Stimulation", *Journal to Educational Psychology,* Vol. 72, Nr. 6, 1980, S. 830-840

Ziglar, Z.: *Raising Positive Kids in a Negative World.* Ballantine, New York 1996

JUNFERMANN

Es geht auch ohne Ritalin!

320 Seiten, kart.
€ (D) 22,50
ISBN 3-87387-494-6

Dieses Buch setzt sich kritisch mit der fälschlichen Diagnostizierung von Millionen von Kindern mit der sogenannten Aufmerksamkeitsdefizit-Hyperaktivitätsstörung (ADHS) und dem übermäßigen Gebrauch psychoaktiver Medikamente – wie Ritalin – zur Behandlung von Hyperaktivität auseinander. Nach Auffassung des Autors sind viele der Verhaltensweisen, die als ADHS bezeichnet werden, in Wahrheit aktive Reaktionen eines Kindes auf komplexe soziale, emotionale und erzieherische Einflüsse. Wenn Eltern an den Ursachen der Probleme arbeiten, statt Symptome mit potentiell schädlichen Medikamenten nur zu überdecken, können sie ihren Kindern zu mehr Lebensqualität verhelfen. Zu den vom Autor empfohlenen fünfzig „drogenfreien" Strategien zur Überwindung der Aufmerksamkeits- und Verhaltensprobleme von Kindern zählen u.a. Maßnahmen zur Stärkung der Selbstachtung und zur optimalen Förderung von Vitalität und Kreativität. Das Buch enthält Checklisten, mit deren Hilfe Leser die für ein bestimmtes Kind besten Interventionen finden können.

Thomas Armstrong, Ph.D., ist Autor mehrerer Bücher. Er war früher Sonderschullehrer; heute hält er Vorträge und Seminare in vielen Ländern.

www.junfermann.de
www.active-books.de

JUNFERMANN • Postfach 1840 • D-33048 Paderborn
eMail: ju@junfermann.de • Tel. 0 52 51/13 44 0 • Fax 0 52 51/13 44 44